해설사와 함께하는

# 스토리텔링 신라 이야기와
# 맛집 100선

해설사와 함께하는
# 스토리텔링 신라 이야기와
# 맛집 100선

| | |
|---|---|
| 발행일 | 2022년 9월 30일 |

| | | | |
|---|---|---|---|
| 지은이 | 한세동 | | |
| 펴낸이 | 손형국 | | |
| 펴낸곳 | (주)북랩 | | |
| 편집인 | 선일영 | 편집 | 정두철, 배진용, 김현아, 장하영, 류휘석 |
| 디자인 | 이현수, 김민하, 김영주, 안유경 | 제작 | 박기성, 황동현, 구성우, 권태련 |
| 마케팅 | 김회란, 박진관 | | |
| 출판등록 | 2004. 12. 1(제2012-000051호) | | |
| 주소 | 서울특별시 금천구 가산디지털 1로 168, 우림라이온스밸리 B동 B113~114호, C동 B101호 | | |
| 홈페이지 | www.book.co.kr | | |
| 전화번호 | (02)2026-5777 | 팩스 | (02)2026-5747 |

| | | |
|---|---|---|
| ISBN | 979-11-6836-489-9 03910 (종이책) | 979-11-6836-490-5 05910 (전자책) |

**(주)북랩** 성공출판의 파트너

북랩 홈페이지와 패밀리 사이트에서 다양한 출판 솔루션을 만나 보세요!

**홈페이지** book.co.kr • **블로그** blog.naver.com/essaybook • **출판문의** book@book.co.kr

**작가 연락처 문의** ▸ ask.book.co.kr

작가 연락처는 개인정보이므로 북랩에서 알려드릴 수 없습니다.

경주 여행자 필수 가이드북

# 해설사와 함께하는
# 스토리텔링 신라 이야기와
# 맛집 100선

**한세동** 지음
(사)경북문화관광진흥원

📖 북랩

**일러두기**

'제2부 한식 위주 경주 맛집 100선'의 메뉴와 가격은 계절과 가게 사정에 따라 변동이 있을 수 있습니다. 보다 자세한 사항은 확인이 필요합니다.

## 책머리에

―――――――――――

경주에서 20여 년 동안 문화유산 해설을 하고 수많은 내, 외국인 관광객들을 안내하면서 아쉬웠던 것들과 느낀 점들을 맛집과 함께 정리하여 엮어보았다.

해설서라기보다 스토리텔링으로 신라 이야기들과 맛집을 같이 다루었다.

흔히들 해설사들은 관광객들을 안내하면서 너무 많은 역사정보를 전달하려고 한다. 관심을 가지면 해설이 점점 더 길어진다. 역사 지식과 전문용어들을 너무 많이 인용한다.

경주를 관광하시는 분들은 역사 공부보다는 하루 이틀 유적지 탐방도 하고 맛있는 것도 먹고 힐링하려고 오신 분들이다.

좀 더 쉬운 말과 감성적으로 스토리텔링 하면 훨씬 더 집중하고 해설에 맛을 더하여 좋은 반응을 경험으로 느낀다.

해설이 너무 길고 지루하면 관심 없어 하고 집으로 돌아가신 후 머리에 남는 것도 없다고 한다.

역사 공부를 하기 위해 오시는 분들은 이미 전문가들을 섭외하여 같이 오시는 경우가 많다.

종일 빠듯한 코스를 소화하느라 파김치가 된 관광객들에게 맛집을 안내하는 것 또한 해설사 역할의 반 이상이다.

경주를 방문하는 분들에게 경주는 특별한 맛집이 없다는 불평을 들을 때가 많다.

인터넷 검색으로 예약한 식당을 방문하고 실망하는 경우들을 많이 보았다.

재래시장이나 골목을 보면 경주 사람들만 아는 소문 난 숨은 맛집들이 많은데, 주로 한식 위주로 관광객들에게 소개하고 싶었다.

그래서 고급식당보다 좀 토속적이고 소박하지만, 현지인들에게 몇십 년 동안 널리 알려진 찐 맛집들을 위주로 정리하여 보았다.

맛집으로 유명하지만 주차하기 너무 불편한 곳은 소개하지 못해 아쉽다.

유적지 설명은 가능한 한 쉬운 말로 쓰고자 했고, 읽는데 지루하지 않게 짧게 서술하려고 했다. 하나하나 설명하기보다 전체 맥락과 그 시대 상황을 이해하는 데 도움을 드리려고 노력하였고, 경주에서 있었던 에피소드도 가십으로 실었다.

문화재 설명은 최소한으로 줄여 기술하였으나 꼭 이해했으면 하는 부분들은 기술하였고, 나머지 어느 부분을 줄일까 아쉬워하고 망설이며 탈고할 때까지 고민하였다.

경주에서 신라 역사 속의 이야기들을 눈으로 보고 귀로 들으며 마음의 힐링이 되었으면 하는 바람으로 기술하였다.

역사전공자가 아니기에 본문 내용 중 일부는 전공학자들의 책을 일부분 인용하였음을 밝혀둔다.

# 차례

**제2부**
# 한식 위주 경주 맛집 100선  215

제1부

# 신라 이야기

# 신라의 수도 경주

경주는 약 2천백 년 전인 기원전 57년 박혁거세가 세운 사로국으로 시작되어 마지막 경순왕까지 세계 어느 나라에도 찾아볼 수 없는 세 성씨가 하나의 왕조를 거의 천여 년에 걸쳐 이어져 왔던 전 세계에 동로마제국과 신라, 단 두 곳만 존재했던 자랑스러운 천연왕조 수도이다.

신라는 세계 어느 나라에도 유례가 없는 신라만의 특별한 제도가 셋이 있었다.

왕이 될 수 있는 자격인 신라 최고 귀족 골품제도는 개인의 혈통의 존비에 따라 정치적인 출세는 물론 혼인이라든지 가옥의 크기, 의복의 빛깔, 우마차 장식 등 사회생활 전반에 걸쳐 여러 가지 제약과 특권을 가하였다. 그리고 나라의 중요한 일을 의논하고 만장일치로 결정하는 화백제도, 나라의 인재를 양성하는 화랑제도가 있었다.

석양 무렵 고분 사이를 거닐면 누구나 철학자요 시인이 된다. 죽음은 삶의 연속일 뿐 종착점이 아닐 그것이라는 생각을 하면서 고분 사이를 걸어보라.

경주의 산과 돌은 그냥 평범한 산이요 돌멩이가 아니다.

사방 보이는 봉우리마다 역사가 있고 발부리에 걸리는 돌멩이 하나에도 설화를 가진 돌이다.

우리 조상들의 멋과 아름다움이 남아 있는 수많은 유물과 세

명의 실권을 쥐었든 여왕과 지략과 덕이 커서 후손들에게 당 태종 못지않은 존경을 받았다는 태종무열왕, 당나라 소정방도 어찌 못했다는, 호랑이보다 용감하고 자신감에 차 있어 모두가 하늘이 보냈다고 믿었다는 장군 중의 장군 김유신의 나라, 당나라 수도에 버금갈 만큼 웅장하고 아름답게 지어진 궁궐과 178,936호의 기와집이 가득한 계획도시 왕경, 황룡사와 황룡사의 9층 탑이 버티고 서 있었던 흔적과 유적지들을 보며, 역사 속에 조상들의 소박한 마음과 생사를 초월한 용기와 성실함과 정의로운 마음이 결국 이긴다는 역사 속의 진리를 배우고 무엇보다 다소 신비롭기조차 한 조상들의 꿈을 통하여 끝없는 상상력을 얻음으로써, 광대한 영토와 지하자원과 엄청난 인구를 가진 나라보다 용기와 꿈을 가진 사람이 많은 나라가 더 잘살게 될 것이라 믿었던 신라인들의 염원을 배우며, 세계를 주도하는 기술과 문화, 예술 등은 결코 우연이 아니고 현대를 살아가는 우리 민족의 부단한 노력과 끈기요 조상들의 도전정신과 창의, 뛰어난 예술혼이 오늘을 사는 우리들의 심장에 녹아 흐름이라 확신하며 새로운 황금시대 천 년을 열어 갈 MZ세대들이 더 당당하게 새로운 세계를 헤쳐나갈 지혜와 힘을 얻는 계기가 되었으면 한다. 한 나라의 수도로 화려한 천 년, 지방의 한 도시로 평범한 천 년을 보낸 경주, 이제 앞으로 천 년은 MZ세대 여러분의 손에 달려 있다.

　[참고 자료: 김기홍,『천년의 왕국 신라』]

# 불국사, 마음을 가다듬고 들어가는 일주문

일주문

불국사(佛國寺)는 말 그대로 부처님 나라의 절이다. 이풍진 세상을 고통의 바다라고 한다.

이 세상 욕심으로 오염된 땅, 그러기에 근심 걱정 없는 나라, 깨끗한 부처님의 나라 불국토가 우리를 손짓해 부른다, 사바세계에 우뚝 선 불국 세계의 상징이다. 불국사는 신라인들이 백성들을 부처님 나라에서 근심, 걱정, 욕심 없고 풍요로운 파라다이스에 살게 하자는 염원을 담아 인간 세상에 세운 절이다. 경전에는 33천(天) 아득히 먼 하늘, 우주에 부처님의 나라가 있다고 한다. 그래서 불국사에 오면 일주문을 한 발짝 들어서는 순간 하늘나라인 부처님 나라로 가는 길을 한 발짝 들어선다는 의미이다. 부처님 나라로 가는 길은 입장권 한 장으로 결코 편하게 갈 수 없고 많은 수행과 공덕의 단계를 거치지 않는다면 사진만 찍고 가는 또 하나의 시끄러운 인간 세상일 뿐이다. 일주문을 지나면 왼쪽 아름다운 연못이 바로 인간 세상에서 염부주 바다를 건너야 하늘나라에 갈 수 있다는 상징적인 의미이다. 바다를 건너 아득히 높은 수미산 정상에서 33천 하늘나라 부처님 세계에 이른다.


## 사천왕문은 출입국 관리소

사천왕문

　천왕문은 부처님 나라로 들어가는 출입국 관리소다.

　천태만상 이풍진 인간 세상은 온갖 욕심들로 가득한 고통의 바다이다. 인간 세상에서 오욕(五慾)을 버리지 못한 인간들은 천왕의 심판을 받아야 통과할 수 있다. 사천왕은 아득히 높은 수미산 중턱을 지킨다. 천왕문 앞 계단은 곧 수미산 반을 오른다는 의미이다. 사천왕의 출입 허가를 받아 1차 관문을 통과하고 백운교 청운교 아래까지 가는 길은 나머지 수미산 반, 수행의 길을 오른다는 상징적인 의미이다. 동서남북 사천왕은 부처님 나라를 물샐틈없이 지킨다는 의미이다. 사천왕 발밑에는 악귀들이 잡혀 있다.

※ 불교에서의 오욕(五慾)이란 재물욕, 명예욕, 색욕, 수면욕, 음식욕이다.
무소유란 아무것도 가지지 말라는 뜻이 아니고 꼭 필요한 것 이상은 갖지 말라는 뜻이다.

## 하늘나라로 오르는 청운교, 백운교

청운교, 백운교 (국보 제23호)

청운교(파란 하늘) 백운교(흰 구름)는 하늘나라로 연결된 다리이다. 하늘로 연결된 다리를 건너면 드디어 아득히 먼 하늘나라 부처님 세계에 이른다.

청운교, 백운교 아래 낮은 곳은 근심 많고 욕심도, 고통도 많은 인간 세상인 사바세계이고, 다리를 건너 높은 영역은 약속의 땅 깨끗한 부처님 나라 불국정토라는 의미이다. 다리를 건너 보라색 안개문을 통과하면 부처님 나라에 이른다.

1593년 임진왜란 때 소실 되기 전에는 80여 동, 2천 여 칸의 전각이 있었다니 많은 부처님이 계셔서 그야말로 부처님 궁궐이었다.

경전에는 하늘나라 부처님 세계에는 5백억 아름다운 궁전이 있다고 한다.

불국사를 창건한 김대성은 774년 혜공왕 때 죽었다고 전하니 창건 시작 후 24년의 세월이 흘렀어도 완성을 보지 못하고 그 후 국가가 완성하였다고 한다. 불국을 떠받드는 석단은 상하 2층으로 건설 되었는데 석단 아래 자연석은 아직 깨닫지 못한 인간 세상이요, 위로 다듬은 돌들은 깨달음의 경지에 이른 부처님 세계를 의미한다.

돌 하나하나에도 의미를 부여하였다.

# 극락세계 파라다이스로 가는 연화교, 칠보교

연화교, 칠보교 (국보 제22호)

하늘나라로 오르는 또 다른 다리, 아름다운 연꽃과 일곱까지 보석으로 장식한 영혼의 길, 연화교 칠보교다. 깨끗하고 아름다운 영혼들은 향기로운 꽃길을 통과하여 안양문을 지나 극락세계에 이른다.

인간 세상 죄없이 착하게 살다 간 영혼들의 사후 세계인 극락, 영원히 죽음이 없고 모든 것이 풍요로운 파라다이스로 가는 다리이다. 극락세계로 가는 길은 선녀들이 착한 영혼을 맞이한다. 계단에는 연꽃이 조각되어있다.

# 구름 위 하늘나라 누각, 범영루

범영루

범영루는 우주의 중심 수미산을 상징한다. 원래는 수미 범종 각이라고 부른다. 아득한 구름 위 높은 수미산 정상에 있는 정자다. 주춧돌을 보면 구름 모양이다. 108번뇌 즉 108명이 앉을 수 있는 자리를 만들고 온갖 걱정과 고민으로 마음 복잡한 인간들을 제도한다는 의미이다. 지금은 법고(북)를 놓아두었다.

**토막상식**

**염주**
스님들이 항상 휴대하는 염주는 절을 할 때 하나씩 넘기는 계산기 역할을 하던 것이다.

# 신라 석탑의 완성 다보탑, 석가탑

대웅전 앞 동서로 나란히 서 있는 석가탑과 다보탑은 불국사에 담긴 신라인의 염원과 이상, 예술혼의 결정체이다.

석가탑은 석가모니가 생전에 영축산 꼭대기에서 제자들에게 최초의 설법을 하는 모습이다.

풀 네임은 '석가모니 상주설법탑', 신라 석탑의 완성형이다. 기단석 아래는 자연석이 받치고 있어 바위 영축산을 상징한다. 여덟 개의 연꽃 방석을 배치하여 석가모니가 설법할 때 8 보살이 주위에 앉는 성스러운 자리인 팔방금강좌대이다.

1966년 9월 어느 날 밤 도굴꾼들에 의한 도굴 시도로 무너질 위기에 처해 결국 그해 10월 해체하였을 때 2층 몸체부에서 세계에서 가장 오래된 목판인쇄본인 무구정광대가리니경, 46알의 사리와 녹색 사리병 등 많은 유물들이 발견되어 일괄 국보로 지정되고 현재 국립경주박물관에 보관되어있다.

다보탑은 칠보탑이라고도 부른다. 석가모니 부처님이 진리의 말씀을 설법하시면 옆에서 다보여래가 땅에서 불쑥 나타나 "그래, 모두 진리요 맞는 말씀이다." 하고 증명하는 모습이다.

석가탑(국보 제21호)     다보탑(국보 제20호)     은제 사리 내외합

그래서 탑 이름도 「다보여래상주증명탑」이다. 원래 네 모서리
에 사자가 지키고 있었지만 일제 강점기 세 마리가 사라지고 지
금은 입이 파손된 한 마리만 외로이 남아 있다.

1925년경 일본인에 의해 완전 해체, 보수하였지만 아무런 보
고서도 남기지 않고 탑 속에서 발견된 사리 장엄구 등 많은 유물
은 행방을 알 수 없어 큰 아쉬움이 남는다.

### 석가탑 깨어진 사리병

그때 석가탑에서 발견한 유물들 중 초록색 작은 사리병이 있
었다.

법당에 임시보관하던 사리병을 스님께서 옮기다 그만 긴 가사
자락을 밟아 넘어지고 말았다. 손에 들고 있던 사리병은 땅에
내동댕이쳐져 산산조각이 나고 말았다. 이 일을 어쩌랴!

사리병

스님들은 의논 끝에 결국 꼭 같은 사리병의 복제품을 만들어 쉬
쉬 비밀로 하였으나 어찌 비밀이 오래 가랴, 불국사에 불만을 품은 경내 사진사의
발설로 세상에 알려지고 말았다. 46알의 사리 중 좁쌀보다 작은 세 알은 끝내 찾지

못했다고 한다.
지금 경주박물관 미술관 2층에 전시된 것은 그때 복제한 것이다. [참고 자료: 향토
사학자 김윤근 특강]

**토막상식**

**절에는 왜 탑을 세울까?**

석가모니가 돌아가신 후 그 육신을 불교식으로 화장했더니 석가모니 육신에서 '사
리'가 8만4천 개나 나왔다고 한다. 석가모니의 육신의 일부인 사리를 인도의 각 종
족이 서로 차지하려고 다투다 결국 똑같이 8분의 1씩 나누어 여덟 개의 탑을 만들
어 그곳에 사리를 모시고 생전의 석가처럼 기도를 드리거나 탑돌이를 한다. 탑은
곧 석가모니 사리를 모신 무덤의 의미다.

# 큰 영웅을 모신 곳, 대웅전

대웅전

대웅전은 위대한 영웅 석가모니불을 본존불로 모셨다. 석가모니는 현세 인간을 다스리는 부처님이다.

1593년 임진왜란 때 소실된 법당을 현재는 1765년에 중창된 모습이며 기단석은 창건 당시의 것으로 아직도 임진왜란 때 불에 탄 검은 그을음 자국이 선명하게 남아 있다.

좌우에는 익랑과 회랑이 연결되어 있어 각 건물과 건물 사이를 귀한 분들이 비를 맞지 않게 유기적으로 연결해 주는 역할을 하였다.

---

**토막상식**

### 생선을 잡아먹고 토하는 용

정면 오른쪽 모서리에는 물고기 한 마리를 입에 머금은, 즉 잡아먹는 함(啥)용이 있고 대웅전 뒤 처마 밑 중앙에는 돌출된 용머리가 있는데 자세히 보면 물고기 한 마리를 토하고 있다.

토하는 용, 즉 토용(吐龍)이다. 토용(吐龍)과 함용(啥龍), 곧 토함산을 의미한다.

함용

### 야단법석(野壇法席)

봉로대 앞 네모난 돌이 야단석(野壇石)이다.

사월 초 파일 날 같이 사람이 너무 많이 모이면 모두가 법당에 들어갈 수가 없어 하는 수 없이 야외에서 제를 올릴 때, 향, 초를 올리는 제단이다. 법석은 법회 때 앉는 방석 자리다.

많은 사람이 모여 떠들썩하고 소란스러운 것을 '야단법석'이라고 한다. 불교에서 유래된 말이다.

봉로대와 야단석

# 스스로 깨달으시오, 무설전

무설전

무설전은 유명한 스님들이 강론을 펼치는 강당이다.

강당이면서 설법이 없는 강당, 불교의 심대한 진리는 설법이나 경전을 통해 깨달을 수 없고 오직 스스로 깨달아야 한다는 불교적 깊은 의미, 즉 스스로 공부하라는 뜻이다.

강당이라 부처님을 모시지 않는다.

현재의 건물은 역시 1973년 중창된 건물이다.

## 경덕왕의 부탁과 부처님의 예언

경덕왕은 불국사를 완공하고 유명한 표훈 대사를 초대 주지 스님으로 모셨다.

경덕왕은 늦도록 아들이 없어 걱정이 이만저만이 아니었다.

그래서 하늘 위 부처님 나라를 왕래하는 유명한 표훈 대사께 하늘나라 부처님을 만나 뵙고 아들을 얻게 해 달라고 간곡한 부탁을 했다.

부처님을 만나고 온 표훈 대사는 경덕왕께 보고했다.

"부처님께서 아들은 인연에 없고 딸은 가능하다 하십니다."

경덕왕은 너무나 아쉬워 다시 부탁하고자 했다.

"기왕 자식을 주시려면 딸을 아들로 바꿔 달라고 한 번 더 간곡한 내 소원을 전해주시기를 부탁드리오."

부처님을 다시 뵙고 돌아온 표훈 대사는 경덕왕께 보고를 드렸다.

"딸을 아들로 바꿔 줄 수는 있지만, 훗날 아들이 큰 변을 당할 수도 있으니 괜찮냐고 여쭈어보라고 하십니다."

경덕왕은 괜찮다고 하셨다.

그래서 경덕왕은 늦둥이 아들을 얻었다. 그가 후비 정수 왕후 사이에서 태어난 혜공왕이다.

표훈 대사는 천기를 누설했다는 죄로 다시는 하늘나라에 오르지 못했다고 한다.

혜공왕은 760년 3살 때 태자에 책봉되고 765년 경덕왕이 죽자 여덟 살의 어린 나이에 왕위에 올랐다. 혜공왕은 너무 어려 모후 정수태후의 섭정을 받으며 제왕 수업을 했다.

그러나 즉위 이후 여러 불길한 일들이 연달아 일어났다.

즉위 이듬해인 766년에는 하늘에 해가 둘이 나타나고, 다리가 다섯 달인 송아지가 태어나고, 땅이 꺼져 큰 웅덩이가 생기고, 하늘에 별이 세 개나 궁궐에 떨어져 불길이 일어나고, 벼락이 치고 우박이 쏟아지고 우물이 말라버리는 등 불길한 일들이 계속 이어져 768년 7월에는 반란이 일어나기도 하고 그 후 몇 번의 반란이 일어나기도 했다.

결국 민심의 혼란을 틈타 혜공왕의 친삼촌인 김양상은 군대를 동원하여 반란을 일으켜 혜공왕과 왕비를 살해하고 왕권을 차지했다. 그가 37대 선덕왕이다.

혜공왕은 부처님의 예언대로 죽음의 큰 변을 당하고 말았다.

혜공왕 이후 신라 말기는 서로 죽이고 죽는 왕권 다툼이 치열하게 이어지는 시작이었다.

※ 해가 둘이 나타난 것은 왕 이외 또 한 사람의 우두머리 세력을 의미한다.

**토막상식**

**석가모니**
인도 샤가(sakya) 지방의 왕자로 태어났다. 석가라는 말의 어원은 샤가를 한자어로 표현 한 말이다. '모니'라는 말은 성자(깨달은 사람)라는 뜻이다. 샤가모니 즉 「샤가종족의 성자」라는 뜻이다.
석가모니는 인간 세상에 실지로 태어난 인간 부처님이다.

**'나무아미타불', '나무관세음보살' 같이 앞에 붙이는 '나무'는 무슨 뜻일까?**
'믿고 의지한다'라는 뜻이다.

# 소원을 들어주는 관세음보살

관음전

 소원을 들어주는 부처님, 관세음보살을 모신 전각으로 관음전 역시 1973년에 새로 복원된 건물이다. 지극정성으로 관음보살 앞에서 부처님 이름을 부르며 소원을 빌면 인간의 소원을 들어 준다고 한다. 그래서 신도들이 절에 오시면 두 손 모아 〈나무 관세 음보살〉이라고 소원을 빈다. 관세음보살은 원래 바닷가 바위 산인 보타락까산 꼭대기에 계시는데 불국사 관음전은 높은 바위 산을 상징하는 가파른 계단 위 영내 가장 높은 곳에 모셨다. 강원도 낙산사가 곧 바닷가 바위 절벽 위에 해수관음보살을 모셨다. 보타락까산을 줄여 낙산이라 한다.

 관음보살을 눈이 천 개 손도 천 개 천수천안(千手千眼)보살이라고도 부른다. 항상 왼손에는 목마른 사람에게 물을 주듯이 괴로운 사람들을 구하겠다는 약속으로 정병을 들고 계신다.

# 진리의 빛 비로자나불

비로전

비로자나불

비로전 역시 1973년 복원된 건물이다.

화엄경 사상에 따르면 비로자나불은 진리의 몸이다. 빛을 발하여 어둠을 쫓는다는 뜻이다. 즉 몸 전체가 빛이다. (Sun or Light Buddha). 비로자나불이 가시는 곳마다 광명의 부처님 세계가 열린다고 한다. 비로자나불은 통일신라 시대 조성된 국보 제26호이다. 손 모습(지권인)이 특이하다.

# 석가모니 제자, 나한전

나한전

   석가모니 생전에 육성을 듣고 배운 제자를 아라한 또는 줄여서 나한이라 한다.

   석가모니 16 제자를 모신 곳이다.

   영천 은혜사에는 5백 명의 부처님 제자를 모신 5백 나한전이 있다.

## 토막상식

### 수인(手印)

부처님의 손 모습을 수인이라고 한다. 손(手)으로 인간에게 약속(印)하는 모습, 쉽게 비교면 수화하는 모습이다. 나는 무슨 메시지를 너희들에게 전하노라고 손으로 표현한다.

# 서쪽 아득히 먼 사후 세계, 극락전

극락전

선조 26년(1593) 5월 임란 때 소실되어 1750년 중창되어 오늘
에 이르고 있다. 인간의 사후 세계를 다스리는 아미타여래를 모
셨다. 인간이 이 세상에 살면서 아주 착한일을 많이 한 사람이
죽으면 그 영혼이 연꽃과 칠보로 장식된 아름다운 꽃길 다리 연
화교 칠보교를 건너서 갈 수 있는 극락정토, 영원히 죽음이 없는
파라다이스다. 극락전 현판 뒤에는 행운을 준다는 복돼지가 숨
어 있다. 극락세계에 오셨으니 모두에게 행운을 드리는가 보다.
신라 시대에 만들어진 부처님이다. (국보 27호)

# 신기한 석축

아래에서 위로 본 모습          위에서 아래로 본 모습

　극락전을 나와 아래로 내려가는 왼쪽 석축을 아래쪽에서와 위
쪽에서 유심히 바라보고 비교 관찰하면 석축의 위에서 보면 위,
아래 높이가 거의 같아 보이는 착시현상을 일으킨다. 제주도 도
깨비 도로와 같은 현상이다. 편하고 안정된 모습으로 보이게 하
기 위한 지혜이다.

# 사라진 석굴암의 감실 보살과
# 불국사 다보탑의 돌사자

일제 강점기, 1907년 토함산 꼭대기 동
쪽에 큰 석불이 파묻혀있다는 소문이 퍼
졌다고 한다.

어떤 증언은 우연히 그쪽으로 발길을
돌린 집배원이었다고 전한다.

그즈음 석굴암은 천장 일부와 전실이
무참히 허물어진 상태였다고 한다. 석굴
암의 스님들은 의병 난리 후 모두 피신하
고 지키는 사람이 아무도 없었다고 하며

**남아 있는 파손된
돌사자**

그 틈을 노려 감실 보살을 가져가고 복장유물을 노려 본존불 엉
덩이를 무참히 파괴 하였다고 한다. 이때 무법자들은 다보탑 네
모서리 돌 사자도 입이 파손된 것 하나만 남겨두고 세 마리는 훔
쳐 갔다고 전해진다. 소네 통감 일행을 안내한 일본 서기 기무라
의 기록에 의하면 그는 유물약탈을 분개하고 그 목적지를 알아
내려고 하였는데 소네 통감이 불법 반출한 사실은 언급을 회피
했다고 한다.

또한 기무라는 하마터면 석굴암이 모조리 해체되어 서울로 반
출될 뻔했으나 도저히 불가능하고 여론이 심상치 않아 취소되었
다고 기록하고 있다. [참고 자료: 이구열, 『한국문화재 수난사』]

# 다시 찾은 사리탑

1902년 8월, 세끼노 박사가 경주를 방문하여 경주 일대의 유적지를 정밀 조사하고 사진으로 기록하였다. 그의 기록에 의하면 무너지고 황폐한 불국사에는 겨우 두 스님만 지키고 있었다고 한다.

1906년 세끼노 박사가 조사한 정보를 가지고 경주에 온 개성의 일본인 도굴꾼들은 불국사를 지키던 두 명의 스

광학부도

님을 위협하고 몇 푼의 돈을 주고 섬세한 조각의 사리탑(광학부도)을 일본으로 실어 냈다고 한다.

그 후 1909년 세끼노는 우에노 공원 근처 '정양헌'이란 요릿집 정원에서 불국사 사리탑을 발견하고 놀라 경위를 물었으나 어느 고물상으로부터 샀다는 말만 들었다고 전하며, 한일합방 후 조선총독부는 세끼노에게 원위치에 놓도록 조사를 의뢰했으나 이미 딴데로 팔려 간 후 행방을 감춘 후였다, 세끼노는 사리탑의 목적지를 추적하기를 20년, 드디어 도쿄 나가오라는 제약회사 사장 집 정원에서 다시 그 사리탑을 발견하고 설득하여 1933년 5월 말 나가오는 조선총독부에 기증하는 형식으로 불국사로 반환하였다고 한다. 현재 불국사 비로전 한구석에 일부가 파손된

상태로 있다. [참고 자료: 이구열, 『한국문화재 수난사』]

※ 세끼노 박사, 동경제국대 조교수 1902년 8월 한국의 주요 고적과 고 건축물을 정밀 조사 하여, 1904년 「한국건축조사보고」라는 보고서를 발간했다.

# 석굴암과 유럽 유명한
# 건축물과 조각상들의 비교

본존불과 금강역사상

세계문화 유산으로 지정된 석굴암을 본 외국 관광객들은 규모를 보고 먼저 실망한다.

외국의 유물들과 비교하여 너무나 왜소하다.

더구나 한국은 천 년 전에 지어진 건물조차 변변하게 남아 있는 것이 없지만, 이집트의 피라미드는 4천5백 년, 그리스의 파르테논 신전은 2천 년이 넘었고 로마의 고대 유적들 거의 모두가 한국에서 삼국시대 이전에 만들어졌다는 사실을 비교하면 우리나라가 세계에서 최고라고 했던 유산들이 창피하게 느껴지기도 한다.

유럽에서는 석회석이 많이 생산되므로 대부분의 대형 건물들을 이들 재료로 건설한다.

전 세계인들로부터 그 정교함과 화려함으로 찬사받고 있는 스페인의 알람브라 궁전에 있는 조각품들의 재료는 놀랍게도 석고다. 석고판을 정교하게 찍어내어 천장이나 벽에 붙인 것으로 시공 기간도 고작 3~4년에 지나지 않는다.

세계인들이 경탄하는 영국의 캔터베리 대성당이나 프랑스 파리에 있는 노트르담 성당의 정교한 조각상들의 원재료는 석회석이다. 마치 조각칼로 비누를 조각하듯 정교한 인물상들을 조각할 수 있는 무른 돌이다.

이탈리아의 조각상은 마치 살아 움직이는 것 같다. 반들반들한 수많은 조각상 재료가 대리석이라는 데 비밀이 있다. 대리석은 제작의 난이도에 있어 화강석과 비교해 비교적 쉽다.

그런가 하면 동남아에 있는 수많은 불상과 불탑에 정교한 조각의 불상들은 겉은 단단한 돌처럼 보이나 대부분 진흙과 같은 재료로 만든 것이다. 시간이 지나면서 돌처럼 단단하게 굳어진 것일 뿐이다. 알람브라 궁전의 코마르탑과 아라이안느 정원, 신의 손으로 만들었다고도 불리는 알람브라 궁전의 재료도 석고이다.

석굴암이 세계문화유산으로 선정된 것은 외국에 있는 대형 건축물이나 문화유산들과 비교해 절대 떨어지지 않는 독창적인 요소가 있기 때문이며 석굴암 조각들이 아름다운 것은 물론이거니와 석굴암의 차별성은 설계와 시공뿐만 아니라 건축상의 특수성에 기인한다. 한마디로 말해 그것은 바로 돌 중에 가장 단단한 화강석으로 만들어졌다.

## 석굴암은 암자가 아니라 절이다

본존불 앞, 뒤 모습

석굴암의 창건 당시 이름은 석불사이다.

일제 강점기를 지나며 언젠가부터 절이 아닌 작은 암자 즉 석굴암으로 불렀다.

석불사는 토함산 정상에 가까운 높은 하늘나라에 계시는 부처님이다.

토함산 허리에 안개가 자욱하면 바로 구름 위 하늘나라 부처님이 된다.

기도를 드리는 네모난 전실은 인간 세상, 그리고 부처님이 계시는 둥근 인공석굴인 후실은 우주 즉 부처님 세계를 의미한다. 우주는 둥글고 인간 세상은 네모라는 천원 지방사상이 반영 되었다.

정면에서 본존불을 바라보면 팔부신중, 입구 양쪽을 태권도로 악귀들을 막아선 금강역사상, 사천왕상, 범천과 제석천, 보살상, 그리고 십대제자가 물샐틈없이 부처님 세계를 지키고 있다.

눈을 감은 듯 뜬 듯, 미소 띤 모습인 듯 아닌 듯, 그렇다고 무표정도 아니요, 온화한 본존불 모습은 지금이라도 가슴에 귀를 대면 맥박 소리가 들릴 것만 같다. 본존불 뒤 십일면관음보살상은 입으로 후~ 불면 옷자락이 살랑살랑 나부낄 것만 같다. 어떻게 인간이 단단한 화강암에 저렇게 섬세하게 조각할 수 있을까?

본존불 손 모습은 4만8천 가지 악귀를 물리친다는 항마촉지인(지신(地神)을 건드려 악귀를 물리친다는 의미)으로 멀리 동해바다를 건너 일본을 향하고 계신다.

아마도 동해 건너 일본 쪽을 바라보며 이놈들하고 나직한 음성으로 왜구를 제압하는 모습이라면 우리 조상님들의 나라를 지키려는 염원을 알 것만 같다.

본존불 뒤에는 본존불에 가려 보이지 않는 십일면관음보살상이 있다.

일제강점기에 일본인들에 의해 해체되었을 때 본존불 아래 바닥에 스며 나오는 찬물이 고이는 작은 샘 장치가 발견되었는데 일인들에 의해 메워졌는데 아뿔사! 그 차가운 물이 바닥 돌을 차게 하여 굴속에 습기를 바닥 돌에 성애로 맺혀 밖으로 배출되는 장치였는데, 이는 곧 찬 음료수병에 성애가 맺히는 것과 같은 현상인데 이를 메워 버려 습기가 너무 차서 지금은 기계장치로(에어컨) 습기를 제거한다. 이른 아침 동해 태양이 떠오르면 석굴 전체와 본존불을 불그스레 물들여 이 모습은 돌부처가 아니라 온몸으로 따뜻한 피가 흐르는 살아 숨을 쉬는 광명의 부처님 세계가 열리는 모습이었는데 지금은 정면에 전실이 가려 그 모습을 볼 수가 없다.

석실 내부에는 본존불과 함께 모두 40구의 조각상이었는데 사라진 두 감실의 보살은 지금도 비어 있어 안타깝다.

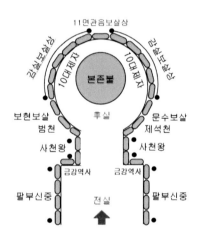

석굴암배치도

십일면관세음보살　　　　　　　석굴암 소탑

　불국사와 석불사의 창건은 정치, 경제, 종교, 문화 등 여러 조건이 다 함께 성숙하고 어우러졌기에 가능했던 불사였고 국가적 배려와 경제적인 뒷받침은 물론 종교적인 심신과 원력, 예술적인 영감과 창조적인 열정 그리고 장인들의 뛰어난 솜씨와 수많은 사람의 구슬땀 등이 모여서 만들어 낸 걸작품이다.

1969년 5월 박정희 대통령에 의해 불국사 복원공사를 지시하고 1969년 7월부터 10월까지 복원에 앞서 건물터에 대한 실측 조사를 하고 1973년 6월까지 3년 6개월에 걸쳐 복원공사를 하여 오늘에 이른다.

## 불국사 석굴암 복원 전 사진들

대웅전

청운교, 백운교

석굴암

다보탑

## 시신을 공중에 띄운, 원성왕릉

신라 38대 원성왕의 이름은 김경신으로 내물왕의 12대손이다.

37대 선덕왕이 아들이 없이 돌 아가시고 김주헌이 다음 왕위 서열이었으나 김경신이 폭우의 틈을 타서 측근들의 추대를 받아 왕이 된 신라 38대 원성왕릉이다.

38대 원성왕릉

　김경신은 왕이 되기 전 복두(모자)를 벗고 흰 갓을 쓰고 열두 줄 가야금을 들고 천관사 우물 속으로 들어가는 꿈을 꾸었는데 김경신은 복두를 벗는 것은 직책을 잃을 조짐이고 가야금을 든 것은 목에 칼을 찰 조짐이고 우물에 들어간 것은 옥에 갇힐 조짐이라는 스스로 꿈 해몽을 하고 두문불출하고 있었는데 그때 여삼이라는 사람이 만나기를 간청하여 꿈이 길몽이라며 만약 공이 왕위에 오르고 저를 저버리지 않는다면 공을 위해 해몽을 해 드리겠다 하며, 복두를 벗는 것은 위에 더 높은 사람이 없는 것이고, 흰 갓을 쓴 것은 면류관을 쓰는 것이고, 열두 줄 가야금은 12세손까지 왕위를 이어받을 징조이고, 천관사 우물에 들어가는 것은 궁궐로 들어갈 좋은 징조라고 해몽을 해 주었다. 왕위 계승 1순위였던 김주원은 북천 건너에 살았는데 장마로 북천 강이 범람하여 건너오지 못하고 물이 빠지기를 기다리는 동안 조정을 하루라도 비워서는 안 된다는 묘한 분위기를 장악하고 왕위 계승 2순위 김경신이 여삼의 해몽대로 그 틈을 타 왕이 된다는 이야기가 삼국유사에 전해진다. 그런데 원성왕릉은 괘릉으로 더 잘 알려져 있다.

걸 괘(掛), 언덕 릉(陵), 즉 '시신을 관에 넣어 걸어 놓은 왕릉'이라는 의미다.

무덤에 시신을 걸다니?

원성왕은 798년 12월, 재위 13년 11개월 만에 돌아가셨다.

원성왕은 폭우 덕분에 왕이 되어서인지 순리대로 왕이 되지 않아서 하늘이 벌을 내렸는지 재 위 동안 가뭄, 우박, 지진 등 많은 물과 관련된 천재지변으로 골머리를 앓았고 자식 복이 없어 태자들도 모두 병으로 죽었다.

왕이 돌아가신 후 이곳은 무덤을 쓰기 전에는 원래 연못이었는데 원성왕이 돌아가시고 연못을 메우고 무덤을 조성하려는데 자꾸 물이 고여 도저히 시신을 바닥에 놓을 수가 없어 허공에 시신을 걸어 놓았다는 대서 유래되었다.

괘릉은 남아 있는 신라 무덤 가운데 가장 장식이 많은 왕릉이다.


## 왜 아라비아인이 무덤을 지킬까?

서역인 얼굴상

산낭

왕릉 맨 앞에 건장한 남자 무인상이 서 있다. 신라 사람 모습이 아니다. 머리에 터번을 두른 서역인이다.

도깨비방망이 같은 몽둥이를 들고 무덤을 지키고 있다. 왜 신라 임금님 무덤에 아라비아인이 지키고 있을까?

그 옛날 신라 시대에도 서역과 많은 무역을 하였다는 증거다.

신라 무덤에선 다양한 유리그릇 등 서역 물품들이 여러점 출토된다. 서역인들이 왕래하며 교역을 하였던 증거들이다.

무역상 중에 신라가 살기가 좋아서 돌아가지 않고 정착해 산 사람들이 있었고 또 그중에 능력이 있는 사람들은 신라 여인들과 결혼을 하고 귀화하여 임금님이 벼슬을 내려 관리가 되어 다문화 가정을 이루고 살았다. 무역상임을 증명이라도 하듯 허리에는 계산할 때 쓰는 주판 같은 것을 넣었다고 하는 산낭이라는 주머니를 차고 있다.

무인상 다음 석상은 눈이 찢어지고 콧수염을 기르고 앞모습은 도포를 입고 뒷모습은 양당개'라는 갑옷을 입고 칼을 도포 자락에 숨기고 있다. 도포를 걸친 당나라인으로 보이는 문인상이다, 그리고 사자 네 마리가 각각 웃는 모습으로 머리는 동서남북을 바라보며 무덤을 지키고 있다. 이 무덤의 높이는 6m, 지름은 23m이며 무덤 둘레에는 12지상을 조각하였다. 남쪽에는 말(午)의 모습, 북쪽에는 쥐(子), 동쪽에는 토끼(卯) 그리고 서쪽에는 닭(酉)을 배치하였다. 무덤 정면에는 영혼이 나와 앉는다는 혼유석이 있다. 그리고 이곳에는 원래 '곡사'라는 절이 있었는데 무덤을 쓰기 위해 나라에서 절을 윗마을로 옮겨 지었다고 전하는데 지금도 탑만 남은 숭복사지가 위쪽 마을 논 가운데에 남아 있다.

그때 김경신에게 왕의 자리를 빼앗겨 강릉으로 피신한 김주원은 강릉 김씨의 시조이다.

원성왕 8년(792), 사신을 당나라에 보낼 때 나라에서 제일가는 미녀로 온몸에 향기가 났다는 김정란을 보냈다는 기록이 있다.

무인상

문인상

**토막상식**

李熙秀(이희수) 교수는 9세기 중엽의 이븐 후르다드비로부터 아불 파줄에 이르기까지 17명의 무슬림 학자가 집필한 20편의 이슬람 지리서, 역사서, 견문기 등에서 신라에 관한 서술이 발견된다고 한다. 886년에 사망한 이븐 후르다드비는 『제 도로 및 제 왕국총람』이라는 지리서에서 다음과 같이 서술하고 있다.

'중국의 서쪽 깐수의 맞은편에 산이 많고 왕이 많은 한 나라가 있는데 신라라고 불린다. 그곳은 금이 풍부하다. 그곳에 간 이슬람교도는 좋은 환경에 매료돼 영구 정착해버리곤 한다'라는 기록을 보면 괘릉의 무인상에서 보듯 신라 시대에도 많은 아라비아인들이 신라에 정착해 살았다고 한다.

| | |
|---|---|
| 무덤을 지키는 사자상 | 홀을 잡은 서역인 상 토우 |

※ 홀이란 임금님이 주제하는 회의에 참석할 때 쓰는 메모장이다.


# 무덤에서 출토된 서역 교역품들

눈 덮인 원성왕릉

## 토막상식

경주에는 유명한 문학가 두 분이 계셨다. 김동리, 박목월이다. 김동리 생가는 경주시 성건동에 있고, 박목월 생가는 모량리에 있다. 불국사 정문 앞, 길 건너에는 동리 목월 기념관이 있다.

### 김동리의 영원한 짝사랑 이야기

경주에서 매일 새벽 열차를 타고 대구 계성학교에 통학할 때 마음을 사로잡은 한 여학생에게 계속 사랑이 담긴 애절한 연서를 보내지만, 끝내 답이 없었다. 그리고 졸업하여 만날 수 없었다.

세월이 흘러 흰머리 고희를 넘었을 때다. 경주에서 열리는 백일장 심사위원장을 맡았는데, 백일장에 참가한 손자를 데리고 온 짝사랑 했던 할머니를 만난다.

"왜 그리도 편지를 보냈는데 답장 한 번 없었냐?"라고 묻자 할머니는 "왜 남자가 되어서 좀 더 적극적이지 않았느냐?"라고 되물었다는 이야기가 있다.

### 박목월의 애절한 사랑의 세레나데

- 이별의 노래 -

기러기 울어 예는 하늘 구만리

바람이 싸늘 불어 가을은 깊었네
아아 아아 너도 가고 나도 가야지
한낮이 끝나면 밤이 오듯이
우리의 사랑도 저물었네
아아 아아 너도 가고 나도 가야지

산촌에 눈이 쌓인 어느 날 밤에
촛불을 밝혀 두고 홀로 울리라
아아 아아 너도 가고 나도 가야지~~

1952년 6.25 전쟁이 끝나갈 무렵 박목월 시인은 자신을 따르는 어린 여대생의 끈질긴 사랑을 받았다. 그 당시로는 용감했던 이화여대생과 사랑에 빠져 어느 날 갑자기 둘은 사라졌다.

여대생은 박목월 선생이 이미 자녀를 둔 유부남이었으나 둘의 사랑은 지고지순했다.

처음에는 자매가 동시에 목월을 연모했으나 언니가 결혼하는 바람에 동생이 뒤를 이어 목월을 사랑했다. 사랑에 빠진 목월은 아내와 자식을 버려둔 채 어느 날 종적을 감췄다.

가정과 서울대 국문학과 교수 자리도 버리고 용감하게 사랑하는 제자 여대생과 2년여를 어디론가 사라져 버렸다.

얼마간의 시간이 지난 후 아내는 그가 제주도에 살고 있다는 소식을 듣고 남편을 찾아 나섰다.

그의 아내 유일순 여사는 남편과 그 여제자를 마주하고 어렵게 사는 모습을 본 후 두 사람에게 어렵고 힘들지 않으냐며 약간의 돈 봉투와 추운 겨울 따뜻하게 지내라며 두벌의 겨울 내의를 두고는 서울로 올라갔다.

  목월과 여제자는 부인의 포용심에 감동하여 울면서 사랑을 끝
내기로 합의하고 애증이 깃든 이별을 한다.

  서울로 떠나기 전 소리 없이 흰 눈이 쌓이는 날 밤 한 편의 시
를 지어 제자에게 전했다. 우리가 애창하는「이별의 노래」이다.

  여제자의 이름은 알려지지 않고 성이 '허' 씨로만 전해진다.


## 대릉원은 신라 김씨 왕족들의 무덤 공원

목련 만발한 황남대총


  봄이면 화사한 목련꽃을 보기 위해 사람들이 많이 방문하는
대릉원은 1970년대 초에 조성된 경주 최대의 고분 공원이다.
38,000평의 평지에 23기의 고분이 남아 있다.

  대릉원 내 23기의 고분 중에 주인공은 단연 열린 무덤인 천마
총과 가장 큰 쌍봉 무덤인 황남대총 그리고 김씨 첫 번째 왕인

13대 미추왕릉이 3총사다.

경주 시내에 산재한 고분들은 시기적으로 4c 후반에서 6c 초반 사이에 조성된 마립간 시대 김씨 왕족들의 무덤으로 알려져 있다. 시내에 조성된 김씨 왕족들의 무덤에서만 황금 유물이 출토된다니 신기하기만 하다.

옛날 황금시대를 호령했던 누가 돌아가서서 죽음의 흔적을 저렇게 크게 남겼을까?

궁궐 앞에도 온통 무덤이었으니 임금님도 귀족들도 아침저녁 무덤 사이를 거닐며 죽은 후에도 죽은 자를 늘 가까이 두고 생각하며 지냈을까? 지금도 무덤 사이를 조용히 걸으면 옛날 왕과 왕비들의 사연들이 무덤 밖으로 들릴 것만 같다.

석양 무렵 고분 사이를 거닐면 누구나 철학자요 시인이 된다. 죽음은 삶의 연속일 뿐 종착점이 아닐 그것이라는 생각을 해본다.


## 황금 유물 쏟아진 보물창고, 천마총 (155호 고분)

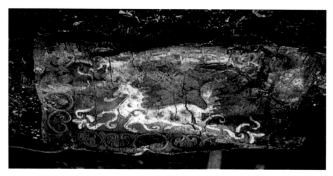

천마도

천마총은 발굴 후 유일하게 무덤 내부로 들어갈 수 있게 복원하였다. 봉분 높이 12.7m, 밑지름 47m이다. 발굴 시기는 1973년이다. 처음에는 발굴 계획이 이곳이 아니라 옆에 있는 98호 고분(황남대총)이었다. 그러나 그 당시에는 국내 기술로 큰 고분을 발굴한 경험이 없어서 규모가 작은 155호 고분을 시험 삼아 발굴하기로 하였다. 발굴하여본 결과 뜻밖에 많은 황금 유물들이 쏟아져 나왔다.

특이하게 자작나무껍질에 천마도가 그려진 하늘을 나는 말다래가 나와서 '천마총'이라고 이름 지었다. 천마도는 죽은 사람을 하늘세계로 인도한다는 이야기기 전해진다. 돌무지덧널무덤[積石木槨墳]이다. 시신은 평지 위에 목관을 놓고 그 위에 봉분을 씌웠다. 관 머리에 부장품을 넣은 나무상자가 있었고, 이 관과 부장품 궤를 감싸는 또 하나의 나무방(木槨)을 설치한 뒤에 냇돌을 쌓고 냇돌 위로는 진흙 다짐을 하여 빗물이 새지 않게 한 다음 토층 두께 5㎝ 흙을 덮고 잔디를 입혔다. 천마총 금관은 출토한 신라금관 중에 가장 화려하고 크다.

천마총 금관(국보 제188호)은 89%의 순도를 지닌 금이었다. 시신은 동쪽으로 머리를 두고 누웠는데 금관을 쓰고 귀걸이를 달았으며 6,000개가 넘는 유리구슬과 금방울로 된 여섯 줄과 열네 줄의 이중 목걸이를 하고 있었다. 허리에는 44개의 금판이 붙은 과대(銙帶)와 금 허리띠(金腰佩)를 걸쳤는데, 허리띠 끝에는 물고기, 향합, 곡옥, 칼, 숫돌, 핀셋 등의 장식이 달렸다. 팔에는 금, 은팔찌, 열 손가락에 모두 금반지를 끼고, 왼손에는 봉황 머리

장식, 큰 칼(鳳凰頭大刀)이 쥐어져 있었다. 피장자는 죽은 후에도 황금 액세서리들을 도둑맞을까 봐 칼을 잡고 있었을까? 특이한 것은 그릇 속에는 요즘 것보다 약간 작은 달걀이 원형 그대로 들어 있었는데 부활의 의미일까? 혼령의 식량일까? 신기하기만 하다. 이 무덤에서 출토된 유물은 모두 11,526점이다. 발굴 결과 주인공은 알 수 없으며 이 무덤은 5세기 말에서 6세기 초의 무덤으로 추정된다.

천마총 출토금관

금 허리띠

천마총 출토 달걀

　무덤 속 유물은 마치 1,500년 전의 일을 암호처럼 우리들에게 전한다.

**토막상식**

**전 세계에 출토된 순금관중 알려진 것은 몇 개일까?**

신라금관 6개, 대가야 금관 1개, 외국 출토 금관은 2개

# 쌍봉 무덤, 황남대총의 규모 및 모양

눈 덮인 황남대총

황남대총은 98호 고분이라고도 부르며 동서 길이 80m, 남북 길이 120m, 높이 23m나 되는 거대한 무덤으로(아파트 8층 높이) 축구장보다 넓은 쌍봉 무덤이다.

1975년 당시 발굴 기록에 의하면 북쪽 무덤에는 16세 전후의 여자 뼈, 남쪽 무덤에는 60세 전후의 남자 뼈가 발굴되어 북쪽 무덤 주인공은 여인, 남쪽 무덤 주인공은 남자로 밝혀졌다.

# 북쪽 무덤(北墳)의 형태 및 꺼묻거리

다양한 귀걸이들

누금 귀걸이

유리구슬 목걸이

　북쪽 무덤의 형태는 무덤 내부 큰 나무집 내 이중관이 들어 있고, 부장품은 나무상자 안에 부장품을 넣었으며, 상자 상부에도 부장품이 많이 놓여있었다. 출토품은 금관을 비롯하여 목걸이, 팔찌, 곡옥 등의 장신구가 나왔으며 귀걸이가 10쌍이나 나올 정도로 호화로운 유물들이 출토되었다. 그리고 이 고분의 주인공은 칼을 차고 있지 않고 은제 허리띠에 '부인대'라고 침으로 새긴 글씨가 있었고, 수습된 치아를 분석한 결과 주인공이 16세 전후 여자로 판명되었다. 죽은 후 금관을 함께 묻었다면 상당한 지위의 여인이었을 텐데, 왜 16세 젊은 나이에 돌아가셨을까?

## 남쪽 무덤(南墳)의 형태 및 껴묻거리

무덤 출토 치아           유리잔

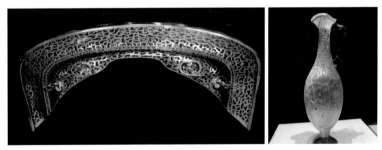

비단벌레 장식 금동 말 안장(복제)          유리병

남쪽 무덤 내부의 나무집에는 2중의 나무상자 속에 2중의 관으로 되어있고, 상자 내·외부에 장신구, 큰 칼, 금제 그릇, 유리

그릇 등 많은 유물이 출토되었다. 유리 제품들은 그 당시 서역에서 수입된 유리잔, 유리병, 유리그릇 등이다. 또 다른 상자에는 주로 부장품만 들어 있었고, 크고 작은 수많은 토기 항아리, 2천여 점의 무기류, 쇠도끼, 말 안장 등이 출토되었다. 특히 금동제의 말 안장에는 앞뒤로 새김을 하고 비단벌레의 날개가 장식되어 있는데 금빛과 보랏빛이 어우러져 말할 수 없이 호화롭다. 황금도 화려함이 모자라 무지개빛 비단벌레를 장식하였을까? 이와 더불어 말과 마차를 장식하는 황금 액세서리들이 여러 점 출토되어 그야말로 그 당시 왕이나 최고 귀족이 탔던 황금마차였을 것으로 추정한다. 신기한 것은 그 당시 음식들인 조개껍데기, 생선 뼈, 동물 뼈들이 토기에 고스란히 남아 있었다.


## 순장을 폐지하시오!

주인공의 관 외부에는 여인의 인골이 발견되어 아마도 순장한 여인으로 생각된다.

22대 지증왕은 순장을 없애라고 율령을 반포하였으니 지증왕 이전의 무덤일 것으로 추정된다. 남쪽 남자 무덤에는 금동관, 북쪽 여인의 무덤에는 순금관이 출토되었으니 어린 여인의 지위가 더 높았을까? 궁금증을 자아낸다. 황남대총에는 모두 58,000여 점의 유물이 쏟아져 나왔다.

황남대총 옆 두 고분 사이 목련 나무 앞은 젊은이들이 한복을 입고 인증사진을 찍는 핫 플레이스다.

대릉원 후문으로 나오면 길 건너에는 노서리 고분군이 있다. 1921년 9월 집을 수리하다 최초의 금관이 발견되었다는 금관총 자리에 최근에 세운 전시관이 있다.

경주에 방문하면 천마총 출토 금관, 황남대총에서 출토된 황금 유물과 성덕대왕신종 등 많은 유물을 볼 수 있는 경주국립박물관은 꼭 관람하시라고 강력히 추천한다.

## 첫 번째 김씨 왕, 미추왕릉

미추왕릉

대릉원 정문 입구에서 가장 먼저 마주치는 능이다. 김씨의 시조 알지의 7세손으로 13대 첫 번째 김씨 왕이며 12대 석씨 임금인 첨해왕으로부터 왕위를 물려받았다. 22년간 재위하는 동안 백제의 침입을 막아내는 등 국력 신장을 도모하였다. 능의 형태는 원형 봉토분이고, 능 앞에는 큰 혼유석(영혼이 앉는 자리)이 있고, 주위에는 담장이 둘려져 있다. 봄이면 벚꽃이 유명한 미추왕릉에는 미추왕의 혼령이 보냈다는 댓잎 군사가 나라를 구했다는 전설이 전해진다.

대릉원의 23기의 고분 중에는 유일하게 담장이 있고, 무덤의 주인공이 미추왕으로 추정되는 무덤이며, 해마다 경주 김씨 후손들이 제를 올린다. (사적 제175호)


# 조선 시대 경주 부윤이 정했다는
# 신라 김씨, 박씨 왕릉

56명의 신라왕 중에 경주에는 36기만 왕릉으로 전해지고 있다. 그중에 선덕여왕릉, 무열왕릉, 문무대왕릉, 흥무왕릉만 학계에서 공통으로 인증된 왕릉으로 알려져 있고, 나머지는 그렇게 전해 내려온다고 전할 전(傳) 자를 붙여 '전 ○○○왕릉'이라고 한다.

조선 시대 경주에 부임한 어느 김씨 부윤이 서남산 쪽의 10개 무덤은 박씨 왕릉, 그 외는 김씨 왕릉으로 멋대로 정했다고 하는데 지금까지 주인공을 밝힐 수 없어 그대로 전해진다.

신라의 마지막 경순왕릉은 유일하게 경주지역을 벗어나 경기도 연천에 모셨다.

## 경주 종합 개발계획과 천마총과 황남대총 발굴 이야기

1970년대 고 박정희 당시 대통령은 우리 역사에 무척 관심이 많았다. 세계 두 곳뿐인 천 년 왕조 수도인 경주를 세계적인 관광 유적 도시로 조성하여 많은 외국인 관광객을 방문하게 하자는 계획을 세웠다. 잡초가 무성하고 허물어져 가는 유적지를 복원하기로 계획하고 경주 종합개발계획을 세워 경주에 자주 발걸음 했다. 어느 날 새벽 황남대총 꼭대기에 웬 사람이 올라가 서성이는 것을 발견한 고분 관리인이 큰 소리로 빨리 내

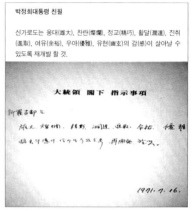

그 당시 박정희 대통령 친필 지시사항

려오라고 했다. 내려온 사람은 다름 아닌 박정희 대통령이었다는 일화가 전해진다. [참고 자료: 향토사학자 김윤근 특강]

고분 사이사이 민가 초가집들을 이주시키고 정비한 후 제일 큰 황남대총을 발굴해 보자고 학자들과 의논했으나 한 번도 독자적으로 발굴해 본 경험이 없어 발굴단장을 맡은 김정기 씨는 제일 작은 천마총을 시험 삼아 먼저 발굴하자고 건의했다고 한다. 그래서 천마총을 먼저 발굴 하였다.

어느 날 갑자기 박 대통령이 발굴 현장을 직접 방문했던 날이다. 당시 인부들의 하루 인건비는 600원, 발굴조사원은 1,200원이고, 소갈비가 1인분에 500원이었는데, 대통령은 격려차 금일봉 100만 원을 하사했다고 한다. 당시 발굴에 참여하여 고분 박사가 된 지건일 씨는 발굴이 끝나고 훗날 경주박물관장, 중앙박물관장을 지냈다고 한다.

세계적인 관광도시로 건설하기 위해 유적지마다 주차장을 조성하고 경주 시내 도로를 모두 정비하고 넓힌 것이 오늘의 경주 도로다. 가로수는 모두 아름다운 벚꽃으로 심고, 경주를 찾는 외국인들이 밤이면 먹고 자고 쉬며 외화를 쓰라고 보문관광단지를 조성하였는데 아쉽게도 완공을 보지 못하고 돌아가셨다. 경주에 가로수와 보문호 주위 아름드리 벚꽃 나무들은 그때 심은 것이다. 대릉원 현판도 발굴 후 박 대통령이 쓴 것이다.

# 1970년 경주 종합계발계획 이전의 유적지 모습들

불국사 대웅전          청운교, 백운교

석굴암 본존불        분황사 모전석탑

무열왕릉비          포석정

잡초 무성한 첨성대      다보탑

박정희 대통령과 가족들　　　　　　　동궁과 월지(안압지)

　1970년 경주 종합개발계획으로 지금의 모습으로 정비되기 전까지만 해도 경주 유적들은 사진에서 보는 모습과 같이 잡초가 무성하고 곧 허물어질 것만 같은 모습이었다.

　천마총 고분 주위에는 초가집들이 있었고 아이들의 놀이터였으며 첨성대 또한 안으로 기어 올라가는 놀이터였다.

　그 옛날 신라인들이 이룩한 서라벌 왕경 모습의 50%만 복원한다고 해도 우리나라 굴지의 재벌들이 벌어들이는 수입보다 훨씬 많은 관광 수입을 벌어들이지 않을까?

　대한민국 국민 모두가 밑천 없이 천년만년 먹고살 수 있는 관광 수입을 벌어들이지 않을까 생각해 본다.

# 첨성대는 27단이다

첨성대 설경

첨성대는 원형을 그대로 유지한 세계에서 가장 오래된 천문대이다. 첨성대는 삼국유사 기록을 보면 신라 27대 선덕여왕(632~647) 때 세워졌다고 기록하고 있다.

높이는 9.17m이며 4.16m 지점에 1m 정도의 구멍이 있고, 동국여지승람에는 이곳을 통하여 사다리를 타고 사람이 오르내리면서 별자리를 관측하였다고 기록하고 있다. 362개의 돌은 음력 1년을 의미하고, 27단은 27대 왕을 의미하며, 맨 위 우물 정자의 돌과 합친 28수는 기본 별자리 수와 같고, 출입구 아래와 위는 각각 12단인데 일 년 열두 달을 의미하고, 아래와 위를 합하면 24절기를 나타내는 것은 우연인지 아니면 의도적으로 그렇게 만든 것인지는 아직도 밝혀지지 않았다. 첨성대 27단과 기단석, 하늘, 땅을 합치면 33, 이는 곧 33천의 도리천을 형상화한 것이다. 선덕여왕은 죽어서도 도리천에 묻어달라 유언하셨다.

# 선덕여왕은 왜 첨성대를 세웠을까?

첨성대 야경

왜 신라 사람들은 하늘의 별자리에 많은 관심을 가졌을까? 신라 사람들은 별자리뿐만 아니라 일식, 월식, 지진, 강풍 등 기상에도 많은 관심이 있었다.

삼국사기 신라본기 박혁거세 거서간의 시작 부분 신라본기의 처음에 기록된 것은 놀랍게도 일식에 관한 기록이다.

'4년(BC54) 여름 4월 초하루 신축에 일식이 있었다.'라고 기록하고 있다. 그뿐만 아니라 삼국사기 전체 기록을 보면 약 27.4% 가 천체 기록이다.

삼국사기의 원성왕 5년 정월 초하루 일식(태백 임월) 기록을 컴퓨터로 분석하면 정확하게 일치한다.

왜 이렇게 별자리나 기상에 대하여 많은 관심을 가졌을까?

# 하늘의 뜻을 받아 나라를 다스리는 왕

그 당시는 '하늘의 뜻을 받아 땅을 다스리는 자'를 '왕'이라 생각했다. 현실 정치의 잘잘못에 대하여 하늘이 자연 재난을 통해 징계하고 또 새로운 뜻을 알려 준다고 믿었기 때문인 것 같다. 그리고 처음으로 여자가 왕이 되니 국내외적으로 많이 시달렸으며 이웃 국가들로부터 전쟁이 잦았

사다리를 타고 올랐다

다. 백성들이 전쟁에 나가 희생되니 나라가 얼마나 힘들고 어려웠을까?

여왕께서는 정치를 잘못하여 전쟁이 일어난다고 생각하고 하늘을 보고 국가 장래를 미리 알아보기 위해서 하늘의 별을 관찰하였다고 한다.

위기 상황을 맞으면 왕은 '하늘의 뜻은 과연 무엇일까?' 하고 깊이 생각하고 또 하늘의 변화를 빨리 보고받기 위해 반월성 궁궐 가까운 곳에 첨성대를 축성하여 일관으로부터 항상 하늘의 변화를 보고받았다. 그 당시는 농경시대라 농업과도 깊은 관계가 있었으며 점성술이 고대국가에서 중요시되었던 점으로 미루어 하늘의 움직임은 왕의 운명과 깊은 연관이 있다고 믿었으며 왕권 유지에 큰 영향을 주는 정치적 의미가 있어 첨성대를 세웠다고 생각된다.

799년 삼국사기 기록에 의하면 100명이 사망하는 대지진이

있었다고 하는데, 그 지진도 무사히 잘 견디었을 만큼 첨성대는 튼튼하다.

첨성대 앞에서 여왕이 15년 동안 재위해 있으면서 나라 안팎의 위기를 바라보면서 이를 극복하기 위하여 왕이 대처했을 여러 가지 일들을 생각해 보면 가슴이 숙연해진다.

여왕께서 황금마차를 타고 행차했을 것 같은 첨성대 주위에는 꽃밭이 많아 걷고 사진 찍고 다정한 사람과 힐링하기 좋은 곳이다.

## 김씨 시조가 탄생한, 계림

계림 만추

계림은 신라 김씨 왕의 시조인 김알지가 태어난 숲이라 하여 지금까지 성스러운 곳으로 여겨지고 있다. 옛날 이름은 시림(始林)이었다고 한다. 면적은 약 7,300㎡(약 2,440평)며 사적 제19호로 지정되어 있다.

경주역사유적지구에 포함되어 2000년 세계문화유산으로 등록되었다. 현재 느티나무, 물푸레나무, 싸리나무 등 100여 그루의 고목이 무성하며 숲속에 순조 3년(1803년)에 세운 계림에 관한 비가 있다.

신라의 56명의 왕 중에 김씨 성을 가진 왕은 38명이며, 박씨 성을 가진 왕은 10명이고, 석씨 성을 가진 왕은 8명이다. 조선과 달리 신라의 왕은 골품제도에 메이긴 했지만, 어느 정도 능력에 의하여 결정되는 경우가 많았다. 992년을 이어온 신라는 이처럼 꼭 어떤 성을 고집하지 않고 능력만 있으면 때로는 사위도 왕이 될 수 있었고 여자도 왕이 될 수 있었다.

계림은 연인과 천천히 손잡고 걸으며 힐링하기 좋은 장소이다. 안쪽으로 가면 오른편에 17대 내물왕릉이 있다.


# 천 년 궁궐터, 반월성(사적 제16호)

하늘에서 본 월성

경주시 인왕동에 있는 신라 시대에 흙과 돌로 쌓은 도성이다. 동서길이 약 900m, 남북길이 약 260m이며 성안의 면적은 183,600㎡(약 5,500평)다.

여기에 최초로 왕성을 축조하게 된 것은 제5대 파사왕 22년 (101년) 2월이며 7월부터는 왕도 여기로 옮겨오게 되었다. 아름다운 여러 왕궁이 있었고 누각도 있었으며 또한 여러 궁전은 크고 작은 궁궐 문으로 연결되어 있었는데 일곱 개의 궁궐 문 이름이 삼국유사에 남아 있다.

현재 부분적으로 성벽과 성내 건물지가 있다. 반월 꼴의 성은 긴 세월에 둘레 토성이 있었던 자리에 흙은 무너지고 씻겨 돌들만 남아 토성이 있었음을 증명한다. 모양이 반달 같다고 하여 '반월성', '월성'이라고도 한다. 왕이 계신 곳이라 하여 '재성(在城)'이라고도 하는데 성안이 넓고 자연경관이 좋아 궁성으로서 좋은 조건을 갖추고 있다. 나라가 커짐에 따라 부근 일대가 편입되었는데 특히 문무왕 때는 안압지(임해전), 첨성대 일대가 편입 확장되는 등 신라의 중심지였다. 성 중간쯤 성문이 있었던 낮은 지점에서 동쪽으로 왕경을 바라보면 178,936호의 기와집이 있었던 광경, 황룡사 9층 탑이 우뚝하고 바둑판 같았다는 도로 중앙으로 넓은 주작대로가 있었다니 얼마나 대단한 도시였을까?

서기 668년 9월 보장왕이 머물고 있던 하평양성이 함락되어 고구려가 항복했다는 전령의 숨찬 보고를 받은 문무왕의 호탕한 웃음소리와 승리의 깃발, 그리고 몇 날 며칠 잔치가 벌어졌던, 1천 사백여 년이 지난 지금도 그때의 풍악 소리가 궁궐 너머로 들릴 것만 같다.

그 당시 장엄하고 아름다운 기와집들이 첨성대, 안압지까지 꽉 들어찬 신라 궁궐의 화려함을 상상해본다.

## 돌로 만든 아이스박스, 석빙고

석빙고

얼음이 귀했던 옛날에 석빙고는 얼음을 저장하였다가 필요할 때 귀하게 꺼내 쓰던, 찬 온도는 차게, 뜨거운 온도는 뜨겁게 오래 간직하는 화강암의 특성을 이용한 돌로 만든 얼음 창고이다. 이 석빙고는 신라 때 만들어진 것이 아니고 조선 시대에 만들어진 것이다. 석빙고 옆 비석에 조선 영조 14년(1738) 부윤 조명경이 영구적인 얼음 창고를 만들었다는 기록이 있으며 문지방돌에는 그 4년 뒤 현재의 위치로 다시 옮겨놓았다는 글이 조각되어 있다. 보물 제66호로 지정되어 있다.

# 노블레스 오블리쥬, 경주 최 부자 집

교촌마을

교촌마을 야경

조선 시대 최고의 부잣집이었던 경주 최 부자 집은 9대 진사
와 12대에 걸쳐 대략 300년 동안 계속해서 만석 군을 지낸 집으
로 유명하다.

시조는 진성여왕 때 천재 대문장가인 고운(孤雲) 최치원(崔致
遠) 선생을 주축으로 하여 선대 및 후대에서 분파되었다고 보면
정확하다.

이렇게 권력과 부를 장기간 누릴 수 있었던 원동력은 바로 최
부자 집의 가훈(家訓)에 있지 않을까? 온 대한민국의 가훈이었으
면 하는 생각을 해본다. 그 가훈을 살펴보면 다음과 같다.

첫째, '흉년에는 땅을 사지 않는다.'이다. 흉년이야말로 가난한
사람에게는 되게 힘든 고통이지만 부자에게는 부를 축적 할 수
있는 절호의 기회였으니, 이는 가진 사람이 할 도리가 아니라고
보았고 정당한 방법이 아니면 부를 축적하지 말라는 교훈이 담

겨있다.

둘째, '만석 이상의 재산은 사회에 환원한다.'이다. 그 이상의
돈은 내 돈이 아니고 욕심을 버리라는 뜻이다. 사회에 환원하는
방식은 열심히 노력한 농민들에게 소작료를 감해주는 것이었다.

셋째, '과객을 후하게 대접하라.'이다. 조선 시대 과객은 부잣
집에 들러서 며칠씩 혹은 몇 주일씩 머물다 가는 것이 보통이었
다. 통신이 발달하지 않았던 시대에 과객을 통하여 전국의 중요
한 정보를 얻을 수 있었고 또 전국 여러 곳에 그들의 인심을 전
달하여 어떤 중요한 일이 발생 했을 때 좋은 여론을 형성했다고
한다. 최 부자 집에서 한 해에 소비하는 쌀은 대략 3,000석 정도
였는데, 그 가운데 1,000석은 과객들 대접에 사용했다고 한다.
동학 이후에 경상도 일대에서 부잣집을 터는 '활빈당'이 활개를
칠 때도 최 부자 집은 건드리지 않았다고 한다.

넷째, '최 부자 집을 중심으로 사방 100리 안에 굶어 죽는 사람
이 없게 하라.'이다. 흉년이 들어 주변이 굶어 죽는데 나 혼자 만
석 군으로 잘 먹고 잘사는 것은 양반의 도리가 아니라고 여겨 반
찬의 가지 수도 줄이고 보리밥을 먹었다고 한다.

다섯째, '벼슬은 진사 이상하지 말라.'이다. 최 부자 집 가훈 가
운데 특이한 것이다. 한 번 권력이나 높은 지위에 맛을 들이면
권력다툼에 끼어들게 되고 오래 못 가서 권력의 자리에서 밀려
나고 정치적 보복을 당하는 것을 보고 아예 권세의 자리에 끼어
들지 말라는 것을 가훈으로 정했던 것 같다. 그래서 9대 동안 초
시인 진사만 하고 관리는 하지 않았다고 한다. 학문은 익히되 벼

슬은 하지 말라는 뜻이다. 현대를 살아가는 우리에게 많은 생각을 하게 한다.

여섯째 '최씨 가문의 며느리들은 시집온 후 삼 년간 무명옷을 입어라.'이다. 최씨 가문에 며느리로 들어오면 제일 먼저 근검절약 정신을 몸에 익히게 하였다. 보릿고개 때는 집안 식구들도 쌀밥을 먹지 못하게 했다고 한다.

최 부자 집의 마지막 인물인 '최준'은 막대한 재산을 상해 임시 정부의 정치 자금을 대주어 이로 인해 일경에 탄로되어 옥살이까지 했다고 한다. 또한 최준은 동아일보 창간 발기 위원이었으며 보성전문학교(현 고려대학교) 도서관 건립 기금도 기부했고, 8·15 이후 조국의 발전은 젊은 인재를 양성해야 한다는 일념으로 현재 영남대학교 전신인 대구대학교를 설립하는데 그때 전재산을 기부했다고 한다.

그리고 민족문화 유산 보호에 남달리 관심이 많아 1920년에 '경주 고적 보존회'를 설립하고 이사장에 취임하여 일본으로 유출되는 문화재를 보호하는 등 많은 활동을 했으며 이것이 오늘날의 국립 경주박물관의 전신이다.

한때는 의암 손병희, 호남의 갑부인 김성수, 고종의 아들인 의친왕 이강 등이 최 부자 집에서 며칠간씩 묵으면서 사귀기도 했다고 한다.

향교 서편에는 무형문화재 27호인 경주 최씨 고택과 최씨 가문의 전통주인 조선 시대 궁중주인 경주 '교동 법주'를 빚는 양조장이 이웃에 있다. 교동으로 종가를 옮기기 전 경주시 내남면에는 원래 종가가 있다. 종가를 향교 옆으로 옮긴 것은 후세들이 향교 선비들의 글 읽는 모습을 항상 본받아 보고 배우라고 옮겼다고 한다. 맹모삼천지교를 실천했다고나 할까?

　내남 종가 대문 밖에는 큰 가마솥이 있는데 흉년이 들어 온 마을 사람들이 굶게 되면 가마솥에 항상 죽을 가득 끓여 누구나 눈치 보지 말고 먹으라고 대문 밖에 두었다고 한다.

## 월정교, 원효대사와 요석공주의 러브 스토리

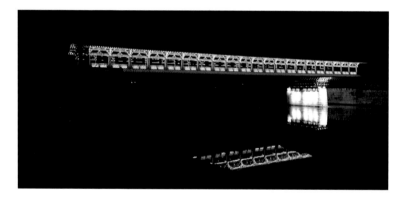

월정교 야경

　서라벌 장안을 다니며 미치광이처럼 이렇게 외치는 스님이 있었다.

　「수허몰가부 아절지천주」

　"누가 나에게 자루 없는 도끼를 주면 하늘을 떠받칠 기둥을 만들어 볼 텐데."

　태종무열왕을 제외하고는 아무도 이 말의 깊은 의미를 아는 사람이 없었다.

　"음, 대사가 아마도 귀한 부인을 얻어 훌륭한 아들을 낳고 싶어 하는구나!"

　딸에 대한 사랑은 동서고금 시대를 초월해 변함없는 것, 딸을 늘 가슴 아프게 생각하던 무열왕은 요석공주와 원효대사를 짝지어 주고 싶었다. 요석공주는 어린 나이에 청상과부가 되어 홀로 월정교 건너 요석궁에 살고 있었다. 무열왕은 관리를 보내 원효를 데려오라 명하였다. 때는 이때다 싶었던 원효는 월정교를 건너다가 고의로 물에 빠져 옷을 말린다는 구실로 요석궁으로 인도되어 요석공주와 불같은 사랑을 나누는데, 두 사람 사이에서 신라 10현 중 한 분이며 이두 문자를 집대성한 설총이 태어났다는 이야기가 전해진다.


## 지붕이 있는 나무다리, 월정교

경주 야경의 명소 월정교는 반월성 뒤 문천에 놓여있었던 다리로 길이가 약 61m, 폭이 약 9m로 추정되며 특이하게도 지붕이 있었던 신라 최대의 아름다운 나무다리이다. 왕실에서 월성 궁궐을 나와서 절이 많았던 남산 방향으로 가는 다리였다.

　남산에는 포석정을 비롯해 지금까지 약 백 열아홉 분의 신라 시대에 조성된 부처님이 발견된 성스러운 부처님 궁궐이 있는 산이었으니, 얼마나 많은 왕래가 있었을까?

월정교 옆에는 일반인들이 건너던 수양버들이 늘어진 유교가 있었다고 한다.


## 향교

향교는 고려, 조선 때 설립한 관학 교육기관이다. 요즘으로 치면 공립대학인 셈이다. 반면 서원은 사립대학이다.

경주향교(慶州鄕校)는 경주시의 계림 서쪽, 문천(蚊川) 북쪽에 있었는데 현 위치로 옮겨 중수하였다고 하며, 현재 향교 자리는 신라 시대 신문왕이 682년에 국학(國學)을 설치하였던 곳이라고 전해진다.

고려 시대 이곳의 내력에 관해서는 알 수 없으나 조선 왕조에 들어와서 1492년(성종 23) 경주 부윤 최응현(崔應賢)이 중수하였으며, 임진왜란 때 대성전이 소실되었던 것을 1600년(선조 33) 경주 부윤 이시발(李時發)이 대성전과 전사청을 중건하였고, 1614년(광해군 6) 부윤 이안눌(李安訥)이 명륜당 등을 중건한 후 몇 차례 개수(改修)와 중수를 하였으며, 1919년 크게 중수하여 오늘에 이르고 있다.

# 경주향교 대성전과 명륜당

대성전

경주향교는 제향 공간인 대성전이 앞에, 강학 공간이 뒤에 있는 전묘후학으로 배치하였는데 강학 공간의 중심 건물인 명륜당의 초석과 축대석은 인근 건물지와 반월성에서 옮겨왔다고 한다.

명륜당 뒤 창문을 열면 계림과 신라 고분들이 펼쳐지니 젊은 공자들이 신라왕들의 무덤을 무심히 바라보며 그 정경에 먼저 마음을 수양하고 학문을 연마하는 한 폭의 신선도가 떠오르게 하는 곳이다.

경주향교는 평지에 외삼문, 신삼문, 대성전, 명륜당이 남향하여 중심축을 이루는 전형적인 전묘후학(前廟後學)의 배치 형식을 따르고 있다. 성균관, 전주향교, 나주향교 등이 이와 같은 배치를 한다.

경주향교의 제향 공간을 구성하는 대성전, 동무, 서무는 성균관 문묘와 같은 규모의 신위를 모시기 때문에 지방 향교 건축으로는 큰 규모에 속한다.

계림 설경

첨성대 설경

# 달빛 아름다운 월지(안압지)

임해전

안압지의 원래 이름은 월지(月池), '달못'이라 하여 달빛이 아름다운 못이다.

얼마나 낭만적인 이름인가? 통일 전성기 여유와 신라 왕실의 낭만과 멋을 느낄 것만 같다.

통일 후 태평 성대했던 천 년 사직 신라왕조가 멸망하고 마의 태자가 머리를 깎고 눈물로 마지막 하직한 궁궐은 무너지고 인적도 사라진 궁궐터에는 폐허만 남아 갈대를 스치는 바람 소리 스산한데 궁궐터를 찾은 시인 묵객들 눈에는 궁궐도 달빛도 사라진 못에는 날아가던 기러기 오리가 주인이 되었구나!

기러기 안(雁) 오리 압(鴨), 조선 시대부터 자연스레 안압지가 되어 버렸다.

통일 대업을 완수한 문무왕은 궁궐 앞에 외국 사신들도 맞이하고 연회도 할 수 있는 연못이 아름다운 별궁을 최고의 설계와 신라, 고구려, 백제 최고의 전문 기술자들을 동원하여 중국 사신들이 와서 눈이 휘둥그레지는 무릉도원보다 아름다운 달빛을 품은 별궁을 건설하라 명령하였다.

## 죽어서도 나라를 걱정한 문무대왕

월지 야경

문무대왕은 통일 후 얼마나 나라와 백성을 사랑하였으면 변방 적들로부터 시달린 백성들의 세금은 감면해주고 무기는 모두 녹여서 농기구로 만들어 백성들에게 나누어주라 했을까?

얼마나 통일된 나라를 사랑했으면 죽어서도 못내 걱정인 왜구를 해룡이 되어 막겠다고 화장한 뼈를 왜구가 출몰하는 동해 바위섬에 뿌려달라 부탁하고, 그래도 안심이 되지 않아 바닷가에 절을 세우고 부처님께 부디 나라를 지켜달라고 염원했을까?

  죽기 전 영혼이 오래 머물지도 못하고 세월이 지나면 여우 토끼 굴을 파고 헛되이 재물만 낭비하고 백성들이 수고로운 큰 무덤은 만들지 말고 화장하라 하지 않았던가!

  문무대왕(文武大王), 왕의 이름도 문(文), 백성들을 권력이 아닌 글로 다스리고, 무(武), 나라를 괴롭히는 적군은 무기로 다스렸다고 붙인 이름의 대왕이 아니던가?

  무산 12봉이 아득하게 보이도록 협곡을 만들고, 삼신도와 아름다운 자연의 경치를 축소하여 지상낙원을 만들었다. 얼마나 오묘하게 설계하였으면 못 주위 어느 위치에서도 끝이 보이지 않고 넓게 보이도록 설계하였을까? 잔디 위에 보이는 초석은 1975년 발굴 결과 건물이 있었던 기둥의 흔적이다. 26동의 건물이 있었다는 증거이기도 하다.

  발굴 당시 못 바닥 펄 속에서 약 3만여 점의 왕실에 사용했던 여러 종류의 생활 유물들이 출토되었다. 그중에 황금으로 도금한 궁궐 장식들이 여러 점 발견되었다. 기둥에도, 문에도, 문고리에도, 옷걸이도, 난간에도 모두 황금으로 장식한 화려한 황금 궁궐! 얼마나 아름다웠을까?

  그리고 문무왕과 왕비가 탔을 법한 통나무배도 발굴되어 박물관에 전시 중이다.

# 신라 왕실의 멋, 주령구

연못 바닥의 펄 속에서 3만여 점의 유물 가
운데 '주령구'라는 나무로 만든 조그마한
14면 주사위가 발견되어 학계를 깜짝 놀라
게 했다. 참나무로 만들어진 이 주사위는
정사각형 모양의 면이 6개, 육각형 모양의
면이 8개 있었고, 높이 4.8㎝다.

주령구

　술을 마실 때 흥을 돋우는 왕실의 놀이기구 일종으로 이것을
굴려서 위로 나타나는 면에 쓰인 글의 내용(벌칙)에 따라 행동을
했을 것으로 생각되며 왕실 문화를 엿보는 것 같다.

　재미있는 몇 가지를 소개하면 다음과 같다.

- 술 석 잔 한꺼번에 마시기(三盞一去): 요즘의 폭탄주
- 팔뚝을 구부린 채 술 마시기(曲臂則盡): 러브 샷
- 더러운 것을 버리지 않기(醜物莫放): 대변, 소변 오래 참기

　왕도 얼큰하게 취했는데 굴려서 추물막방(醜物莫放)이 나왔다
면 난감했으리라!

# 과학적인 필터 장치 입수구

3단 필터 입수구

3단으로 물살을 조절한 입수구는 자갈 모래를 걸러주는 3단 필터였고 물의 작은 낙차들은 산소를 공급했고 출수구 세 개의 구멍은 수위를 조절하는 과학 장치였다.

동궁 태자가 기거했다고 동궁과 월지라 한다.

펄 속에서 출토된 여러 점의 작은 금동불상들은 왕실과 귀족들에게 행운을 주는 휴대용 불상 마스코트였을까? 박물관 아트홀에 가면 작고 앙증맞은 금동불상 여러 점을 볼 수 있다.

## 아! 신라의 운명은 서산에 걸렸구나!

견훤이 포석정에서 군신들을 모두 죽이고 박 씨 왕조인 경애왕을 폐하고 927년 11월 김씨 왕조의 후예인 김부를 왕으로 세웠는데 그가 마지막 경순왕이다. 견훤은 돌아가면서 서라벌을 난장판으로 만들고 도성을 지키던 병사들까지 모두 포로로 잡아갔고 말과 병기를 모두 빼앗고 기술자들까지 모두 압송해 갔으니 사실상 신라의 멸망이었고 경순왕은 군대가 없는 허수아비 왕일 뿐이었다.

서라벌 주위에만 남은 영토, 이미 기울어져 회복할 수 없는 국력, "내 어이 이미 서산에 걸린 해를 다시 동쪽으로 돌릴 수 있으랴!" 통곡하는 신하들의 울음소리가 천 년 왕조의 마지막을 고한다.

"사방 국토가 모두 타인의 소유가 되었고 나라는 쇠락하여 완전히 고립되고 말았구나."

경순왕은 이에 스스로 나라를 보존할 수 없게 되었으니 고려에 항복하고 나라 이름만 바뀌면 백성들은 전쟁에 시달리지 않고 살길이라 생각했다.

935년 11월 "강하지도 못하고 그렇다고 약하지도 못한 탓에 그저 무고한 백성들만 참혹하게 죽이는 것은 차마 내가 할 짓이 아니다."

마지막 경순왕의 절규와 한탄 소리에 통곡하는 신하들의 울음소리가 월지에 내려앉은 달빛에 출렁거리는 것만 같다.

931년 2월 왕건이 경순왕의 간청을 받아들여 50명의 기병만 거느린 체 신라 도성으로 들어와 경순왕은 교외에서 백관들과 왕건을 예를 갖춰 절을 하고 맞아들여 임해전에서 연회를 베풀고 눈물을 흘리고 시절을 한탄하며 항복의 뜻을 전하자 좌우 신하늘이 눈물바다를 이루었다. 왕건은 두 달여 동안 경순왕을 위로하며 서라벌에 머물렀다.

머리를 깎고 아버지께 하직 인사를 드리고 궁궐을 떠나는 태자의 마음과 아들을 보내는 경순왕의 심정은 천수 백 년이 지난 지금도 감정이 북받친다.

신라 57대, 다음 왕이 될 태자는 울며 아버지 경순왕께 이별을 고한 뒤 따르는 신하 몇 명을 거느리고 삭발하고 강원도를 거쳐 금강산으로 들어가서 바위굴에 집을 짓고 평생을 삼베옷과 나뭇잎, 풀뿌리를 먹으며 일생을 마쳤다고 한다.

멸망한 신라의 마지막 상주(喪主)로 스스로 자처하고 평생을 삼베옷만 입고 속죄하며 살았다는 '마의태자'다.

경순왕은 죽방 부인사이어서 마의태자가 태어나고 고려에 항복한 후 태조 왕건의 맏딸 낙랑공주를 둘째 부인으로, 왕건의 신명순 왕후 딸을 셋째 부인으로 맞았다. 낙랑공주와의 사이에서 난 아들 둘이 고려 제3대 정종, 제4대 광종 두 명의 왕이다.

※ '경주'라는 이름은 고려 태조 왕건이 전쟁도 없이 평화롭게 차지한 서라벌 땅을 '아주 경사스러운(慶) 고을(州)'이라고 해서 맨 처음 '경주'라고 고쳐 불렀다고 한다.


월지 야경을 보지 않고 어찌 경주에 왔다고 할 수 있으랴! 주말에는 넓은 주차장이 만원이라 바로 옆 황룡사지 주차장이 편하다.

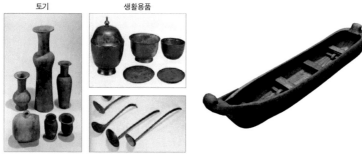

토기          생활용품

안압지에서 출토된 유물들          월지출토 통나무 배

눈덮인 월지

# 신라 역사를 한눈에, 경주국립박물관

경주국립박물관은 세계 유명한 대영박물관, 루브르박물관과 달리 경주지역 단일유물만 전시한 세계 유일한 박물관으로 유명하다.

수많은 유물설명은 지면상 과감히 줄이고 성덕대왕신종과 금관과 금 허리띠와 금귀걸이 정도만 설명하고자 한다.


## 30년 만에 완성한, 성덕대왕신종

참 웅장하고 맑고 아름다운 종소리의 신라 대종이다.

「그 모습은 산처럼 우뚝하고 그 소리는 용의 울음 같아 위로는 지상의 끝까지 다하고 아래로는 땅속까지 스며들어 보는 자는 신기함을 느낄 것이요 듣는 자는 복을 받으리라.」라는 1,037자의 종의 내력에 대한 글귀와 비천상과 연꽃과 보상화무늬가 새겨진 전 세계에 자랑할 수 있는 성덕대왕신종이다.

그 당시 많은 기술자가 동원되어 기획하고 설계하고 12만 근의 구리를 확보하는 국가적인 사업이었을 것이다.

경덕왕에 이어 혜공왕까지 두 임금에 걸쳐 30여 년의 세월 동안 수십 번의 실패를 거듭하고 끝내 서기 771년 완성했다고 한다.

30년 동안 포기하지 않고 끈기로 완성하고야만 성덕대왕신종!

천 3백 년이 지난 지금, 종 앞에 서면 가히 감탄 하며 경배하지 않을 수 없다.

## 성덕대왕신종은 이름이 셋

'성덕대왕신종' 즉 '성덕대왕을 기리기 위한 신비한 종'이다. 성덕왕을 추모하는 원찰인 봉덕사 절에 맨 처음 걸었다고 해서 '봉덕사종'이라 부르기도 하고, 가장 널리 알려진 이름은 '에밀레종'이다.

긴 세월 아무리 정성들여 종을 만들어도 훌륭한 소리가 나지 않고 실패하여 살아있는 아기를 끓는 쇳물 속에 넣었다는 슬픈 전설이 전해지고 있다. "에미일레라!" 아이의 영혼이 지금도 종소리에 녹아 마지막 울림이 엄마를 탓하는 "엄마 때문이야! 에미일레라!"라고 들리는 것만 같단다. 설마 불교 이념으로 나라를 통치했던 왕실에서 아기를 살생하였으랴!

## 마음으로 듣는 종소리

먼저 우리나라 종은 외국종과는 몇 가지 다른 특징이 있다.

첫째, 우리나라 종은 외국종과는 달리 귀로 반을 듣고 반은 마음으로 느끼며 들어야 한다.

범종 소리는 마음을 고요하고 평화롭게 하여 종소리를 듣고 예불을 드리면 빨리 깨

성덕대왕신종

달을 수 있다고 한다. 즉 부처님의 목소리를 듣는 것과 같다.

우리나라 범종은 시간을 알리는 외국종과 달리 마음을 다스리는 종이다.

둘째, 외국종은 안에서 치지만 우리나라 범종은 밖에서 안으로 친다. 당좌라고 종을 치는 곳을 연꽃무늬로 양쪽에 표시해 두었다. 그곳을 쳐야 가장 훌륭한 소리가 울린다.

셋째, 우리나라 범종은 종 꼭대기에 음관이라고 구멍이 뚫려 있다. 전 세계 수많은 종 중에 구멍이 뚫린 종은 우리나라 종뿐이다. 구멍이 소리의 비밀을 간직하고 있다.

그리고 에밀레종은 두께가 일정하지 않다. 윗부분은 약 10㎝로 얇고 아래로 내려올수록 점점 두꺼워져 약 20㎝ 정도이다.

종 안쪽 중간에는 울퉁불퉁하게 쇳덩이가 덕지덕지 붙어 있다.

종을 치면 두꺼운 부분과 얇은 부분에서 서로 다른 파장의 소리가 나서 서로 부딪치며 섞여 신비한 소리가 되어 울려 퍼진다. 서로 다른 파장의 소리가 섞이는 현상을 '맥놀이현상'이라고 한다. 굳이 비교하자면 음악의 화음과 같다고 할 수 있다. 소리가 서로 부딪치며 섞여 귀에 거슬리는 불협화음은 위에 뚫린 구멍인 음관으로 사라져 버리고 맑고 아름다운 소리만 울려 퍼진다. 전 세계에 서로 다른 파장의 소리가 섞여 아름다운 소리를 생성하는 맥놀이 현상이 일어나는 종은 에밀레종뿐이다.

넷째, 우리나라 종은 땅바닥에 닿일 듯 말듯 아주 낮게 매달려 있어서 밑으로 울려 퍼진 종소리는 볼록렌즈처럼 파인 '움통'에 부딪쳐 종속으로 소리가 반사되어 남아 있는 여음과 또다시 섞어 2차 맥놀이 현상이 일어나 또 새로운 신비한 아름다운 소리가 생성되어 울려 종소리가 사라질 때까지 반복해서 맥놀이 현상이 일어난다. 그리고 뚫린 음관으로는 계속 공기가 공급되어 종소리가 오래도록 울린다.

## 고래고래 울리는 종

고래 모양 당목                  포뢰용과 음관

종 꼭대기에는 용이 음관을 감싸고 있는데 '용뉴'라고 한다. 오직 종 위에만 앉아있는 용 이름이 포뢰룡이다. 바다의 용왕님의 아홉 아들 용 중에 포뢰룡은 너무 겁이 많고 울보라 누가 살짝만 건드려도 겁에 질려 큰 소리로 운단다. 그런데 특히 고래만 보면 겁을 먹고 더 크게 운다.

왜냐하면 고래는 포뢰룡만 보면 잡아먹어 버린다고 한다. 그래서 옛날에는 종을 치는 당목을 고래 뼈나 나무를 고래 모양으로 깎아 만들어서 종을 쳤다.

포뢰룡은 고래를 보기만해도 겁에 질려 마구 우는데 고래가 포뢰룡 몸통을 세게 때리면 얼마나 놀랄까? 그래서 깜짝 놀라 더욱 크게 '고래고래' 소리 내어 운다고 한다. 종소리가 크게 울리라는 상징의 동물이다.

요즈음도 큰 고함을 '고래고래' 소리 지른다고 하지 않나? 그 말이 종뉴의 포뢰룡에서 유래된 말이다.


## 천 년을 견딘, 핀

지름 7㎝ 핀

에밀레종은 조상님들의 놀라운 지혜가 또 한 가지 있다. 지름이 약 7㎝ 정도 되는 종의 무게를 지탱하는 핀이 아주 유명하다.

1970년대 지금의 경주박물관을 새로 짓고 구 박물관에서 에밀레종을 옮겨 달기 전, 그 당시 박물관장님께서 새로 만든 종각과 종 고리와 핀이 18.9t이나 되는 종의 무게를 견딜지 실험하기 위해 무거운 쇳덩이를 매달아 먼저 시험을 했는데 아니나 다를까 열흘 만에 문제가 발생했다. 고리와 종을 연결하는 핀이 무게를 이기지 못하고 U자로 약간 휜 것을 발견하였다.

그래서 의논 끝에 원래 꽂혀있던 '신라 때 만든 그 핀'을 다시 꽂는 것이 해결 방법이었다. 종을 새 박물관으로 옮기며 버렸던 핀을 잃어버려 우여곡절 끝에 다시 찾아 꽂았다. 지금 꽂혀있는 핀이 신라 때 만든 핀이다. 학자들이 무슨 재료로 어떻게 만들었을까? 과학적인 조사를 한 결과 또 한 번 깜짝 놀랐다. 비파괴 촬영 결과 7㎝ 핀 단면에 나이테 같은 동그라미가 수없이 나타났다, 그것은 신라 기술자들이 주물로 단번에 핀을 만든 그것이 아니고 쇠를 불에 달구어 큰 해머로 두들겨 얇은 철판으로 만들어 다시 종이처럼 돌돌 말아 7㎝ 정도의 핀으로 가공한 것이었다. 종이를 돌돌 말면 잘 굽어지지 않고 파이프가 여럿이 겹쳐있는 것과 같으니 훨씬 강하다. [참고 자료: 향토사학자 김윤근 특강]

에밀레종에는 신라인들의 기술과 포기하지 않는 끈질긴 노력, 그리고 수수께끼 같은 과학이 숨어 있다. 보통 종은 10만 번 치면 수명을 다하는데 이 종은 2천400만 번 넘게 쳐도 건재하다. 에밀레종은 국보 제2호로 지정되어 있으며 1992년 12월 31일 타종을 마지막으로 지금은 보존을 위하여 녹음된 소리만 30분마다 들을 수 있다.

쇳덩이 무게 시험

# 신라 금관과 금 허리띠는 무엇을 상징할까?

아름다운 신라 금관의 전면 날 출(出)자 장
식은 큰 고목 나무를 상징한다.

**천마총 출토 금관**

　지금도 시골 마을 어귀에는 큰 당신 목이
있고 마을에서 해마다 제를 올리는 풍습이
있다.

　오랜 옛날부터 지금까지도 우주 혹은 세
상의 중심에는 한 신성한 나무가 있어 이것
이 이 세상과 하늘, 즉 인간 세상과 신의 세계를 연결해 주는 구
실을 한다고 믿어왔다.

　단군신화의 신당 수나 무당들이 굿을 할 때 신이 내린다고 흔
들어 대는 신목(神木)이 바로 그것의 일종이다. 그리고 사슴뿔을
상징하는 장식이 있다. 중앙아시아에서 출토된 두 개의 금관도
모티브가 나무와 사슴으로 장식되어 있다. 중앙아시아 알타이산
에는 금광이 많다고 한다. '알타이(Alai)', '아르타이'라는 말은 금
이란 뜻이다. 금관, 금동관은 알타이 문화권인 만주, 몽골, 알타
이, 카자흐스탄 지역에서만 발견된다. 카자흐스탄 초원에는 아
직도 신라 고분과 같은 큰 고분들이 많이 남아 있다고 한다. [참
고 자료: 김병모,『금관의 비밀』]

사르마트 금관　　　　대가야 금관　　　　박트리아 금관

금 허리띠　　　　　　야쿠트의상과
　　　　　　　　　이르쿠츠크 샤먼 두루마기

　전 세계 출토된 고대 황금관은 모두 아홉 개, 그중에 우리나라 출토 금관이 일곱 개이고 나머지 둘이 외국 출토 금관이다. 금 허리띠에 달린 장식들은 비상 약병, 휴대용 칼, 숫돌, 족집게, 물고기, 배속의 태아를 닮아 다산을 상징하는 곡옥 등은 곧 중앙아시아 유목민들이 항상 풀 따라 짐승들과 이동하며 살아가는 문화 즉 생활에 필요한 도구를 허리에 휴대하고 다니던 문화이다. 야쿠트의상과 이르쿠츠크 샤먼 두루마기에도 신라 금 허리띠에 달린 도구들이 달린 채로 출토되었다. 경주 김 씨(금씨) 조상들은 중앙아시아로부터 이주한 민족이라 생각된다. 우리 말의 어원도

우랄 알타이어가 아닌가?

알타이 문화권 내의 모든 종족은 금 숭배 사상을 가졌다. 유라 시아 대륙을 무대로 활동했던 기마 민족들이 신라의 지배 세력 과 밀접한 관계가 있다는 것을 뜻한다. 따라서 신라의 지배 세력 중에서도 유달리 금을 사랑하고 성까지도 그렇게 부른 김씨 왕 조는 신라 금관과 떼려야 뗄 수 없는 존재들이다. [참고 자료: 김 병모, 『금관의 비밀』]

신라 귀족들은 얼마나 많은 금으로 치장하였기에 법 흥왕은 진골 이하 귀족은 말이나 마차에 옥과 황금장식을 금하는 율령 을 반포하였을까? 〈삼국유사〉

서라벌의 의미는 쇠(金)벌, 금성이라고 부르지 않았나.

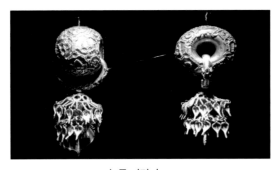

누금 귀걸이

신라 고분에서 출토된 유물들을 보면 그 화려함과 정교함에 입이 딱 벌어진다. 금관을 비롯하여 화려함의 극치를 보여주는 귀걸이, 목걸이, 반지, 팔찌, 말안장까지 황금으로 치장하였으니 얼마나 아름다움에 대한 감각이 대단했을까? 그중에 0.2㎜가 채

안 되는 아주 작은 금 알갱이를 0.2㎜ 간격으로 땜질하여 무늬를 넣은 귀걸이는 너무나 정교하고 아름다워 놀라움을 금할 수 없다. 요즘 말로 표현하자면 신라인은 나노 기술자라 아니할 수 없다. 귀족 여인들은 화려한 액세서리는 물론 페르시아에서 수입한 향수를 뿌리고 머리에는 공작 깃털로 장식하고 일터에서 집으로 돌아오는 남편을 웃음으로 맞았으리라.

그리고 사랑하고, 미워하고, 멋진 남자를 두고 서로 질투하고 헤어지고 슬퍼했으리라.

경주박물관은 한눈에 신라 역사를 볼 수 있다. 경주박물관은 크게 고고관, 월지관, 미술관 그리고 특별 전시실로 구성되어있다. 무덤에서 출토된 다양한 황금 유물들과 월지 출토 유물들 그리고 아트홀에는 남산 부처님 외 월지 출토 앙증맞은 작은 금동불상과 황룡사 출토유물, 불국사, 분황사 출토유물들을 볼 수 있다. 경주국립박물관은 꼭 보시라고 강력히 추천한다.


## 金을 좋아하는 김씨들의 정체

유라시아 알타이산맥 주변에 사는 민족들은 자기네 성산(聖山)을 '금(金, Altai)산'이라고 부르며, 알타이어족 중 퉁구스어파에 속하는 언어를 가진 여진족(女眞族)들은 나라를 세우고 이름을 '금(金)'이라고 하였다. 여진족들이 나라 이름을 금이라 한 것은 그들의 근거지인 한추후 수이에서 금이 많이 생산되었기 때문이라고 한다. 하지만 더 근본적인 이유는 알타이 문화권 내의 모든 종족이 금을 숭배하는 사상을 갖고 있었기 때문이다. [참고 자료: 김병모, 『금관의 비밀』]

## 신라인의 미소, 와당

일제 강점기 때 다나까라는 일본인 의사가 한 농가에 왕진하러 가서 촌로가 밭을 갈다 발견하여 마루 밑에 아무렇게나 놓여있던 수키와를 보고 진료비를 받지 않고 얻어 왔다고 한다. 집에 돌아온 다나까는 깜짝 놀랐다.

막새기와 신라인의 미소

지금까지 보지 못한 기와였다. 그래서 나중에 다나까는 쌀 40가마를 더 사례하였다고 한다.

그 뒤 해방이 되고 다나까는 일본으로 돌아가고 계림고등학교 교장을 지냈던 박일훈 선생이 경주박물관장으로 재직 때 관장직을 마치기 전에 이 와당을 돌려받기로 마음먹고 은사였던 오사까 긴따로의 아들에게 연락하여 다나까씨를 찾던 중 긴따로 아들에게서 다나까씨의 아들이 북구주에 살고 있다는 연락을 받고 여러 차례 돌려줄 것을 간곡한 편지로 연락하였으나 답이 없다가 편지에 감동한 다나까의 아들 부부가 1972년 10월 14일 자비로 한국으로 건너와서 돌려주어 되찾아 오늘날 '신라인의 미소' 와당을

찾게 되었다고 한다. [참고 자료: 향토사학자 김윤근 특강]


## 조선 어린이들이 알려 준 황금 유물

일제강점기 때의 일이다.

　일본인 순사가 경주 어느 골목길을 가는데 어린이들이 놀고 있었다. 무심코 그것을 본 일본 순사는 눈을 의심하였다.

　"이놈들, 그게 뭐야 이리 줘 봐." 하고 빼앗아 본 것은 신라 무덤에서 나온 황금 유물들이었다.

　"너희들 이것들을 어디서 가져왔어?" 하고 물으니 애들은 "저 돌 밑에 많이 있어요." 하고 가르쳐 주었다.

　경주의 신라 고분들은 천수 백 년 세월이 흘러 고분 주위에는 사람들이 집을 짓고 사는 동네였다. 봉분은 무너지고 노출된 돌무지 돌 들은 집을 짓는데, 담을 쌓는데 가져다 쓰고 노출되어 이제 돌 밑에 유물들이 노출되는 실정이었다.

　소문은 금세 퍼져, 황금 유물에 눈이 먼 일본 무법자들은 경주로 몰려와 닥치는 데로 유물들을 수집하였다고 한다. [참고 자료: 향토사학자 김윤근 특강]

　가난했던 조선인들은 유물의 가치를 쌀과 바꾸어 생활에 보탬이 되는 물건에 불과했다.

　일설에 의하면 쪽샘과 계림로 건너 철거한 마을에는 수많은 고분이 있었는데 일제강점기 약 2백6십여 개의 무덤들이 없어졌다고 한다, 그 무덤들에서 출토된 밝혀지지 않은 수십만 점의 유물들은 지금 모두 어디에 있을까?

지금도 대릉원에 가면 많은 수목 가운데 유난히 감나무들이 많은 것을 볼 수가 있다. 이 나무들은 1970년 박정희 대통령 시절 '경주종합개발계획'에 의해 경주 일원 유적들이 정비되기 전까지만 해도 노서, 노동리의 고분 주위에 많은 민가가 모여 살았는데 그때 철거하면서 감나무, 배나무, 모과나무 등을 그대로 남겨둔 것이다.

## 여자 석가모니의 탄생과 분황사

분황사 모전석탑

분황사는 선덕여왕 3년(634)에 건립되었으며 우리 민족이 낳은 위대한 고승 원효와 자장이 거처 간 절이며 서라벌 내 7개 가람 중 하나에 속한다.

분황사는 평지에 1탑 3금당의 품(品)자 형의 가람 배치였는데 지금은 절터의 발굴조사가 되지 않아 확실한 가람 배치는 알 수 없고 절 입구와 주차장, 동쪽 공터, 담장 바깥 남쪽에 당간지주가 남아 있는 것으로 보아 황룡사 후면까지 연결되어 있었던 것으로 미루어 큰절이었던 것 같다.

선덕여왕 아버지 진평왕은 13살에 왕위에 올랐다. 왕이 된 후 부처님의 뜻으로 나라를 다스리겠다는 일념으로 하늘나라에 절인 천주사를 궁궐 내에 세우고 석가모니 부처님을 낳겠다는 염원으로 석가모니 아버지 이머니 이름을 따 자신은 백정, 왕비의 이름은 마야부인으로 불렀다. 그리고 하늘의 상왕이 내린 옥대를 선물 받았다. 진평왕은 하늘에 제사를 지낼 때는 이 옥대를 허리에 띠고 제사를 올렸다.

당시 왕실이 자신들을 석가 일족으로 인식하였음을 보여준다.

재위 9년(587)에서 11년경에 첫째 딸이 출생하여 심각한 문제가 벌어졌다. 석가족 진종설 이데올로기에 결정적 타격이 되었다.

석가는 카필라 왕국의 전반 왕의 첫 아이로 태어났으며 여자 형제는 없이 남자 형제들만 있었는데 첫째 천명이 딸로 태어나 신라 왕실은 석가족으로서의 자부심을 웃음거리로 만들었고 진평왕의 실망은 이루 말할 수 없었다.

왕은 실망의 허탈함을 사냥으로 일삼는데 병부령 충신이 이를 말리다 죽을 때 아들에게 왕이 사냥하러 다니는 길목에 묻어달라 유언하고 죽어서도 왕이 지날 때마다 "사냥 가지 마시오."라고 고언한 신하가 김후직이며 후로 '간묘'라고 불렀다. 김후직의 죽음은 그 당시 왕실의 큰 걱정을 보는 것만 같다.

이승과 저승을 가리지 않는 이 같은 충성심이야말로 뒤늦게 발전하고 끝내 통일을 이룬 신라왕국의 참된 힘이다.

둘째를 낳았는데 또 딸, 이를 어쩌랴!

진평왕은 결국 자라면서 언니보다 현명한 용봉의 자태를 타고 태어났다고 소문 난 둘째 딸에게 귀족들과 화백회의 반대를 무릅쓰고 왕위를 물려주었다.

대략 40세 중년 정도의 여인이었을 것으로 추정된다.


# 여왕의 자존심을 건드린 당 태종과
# 여왕의 향기 그윽한 절, 분황사

분황사 탑 유물

덕만공주가 왕이 된 후 한동안 귀족들의 비협조, 당나라로부터의 비아냥 등이 있었다. 당나라는 여왕이 당나라에 선물과 함께 화친으로 보낸 신라 사신에게 "너희 나라는 여자가 왕이 되어 도둑이 들끓고 나라가 시끄러우니, 내 친척을 보낼 테니 왕으로 삼아라!" 하였다. 이 무슨 가당찮은 말인가? 여왕은 얼마나 자존심이 상했으랴!

선덕여왕은 왕이 된 지 3년(634년) 만에 큰 절을 세우기로 마음먹고 절 이름을 예사 이름이 아닌 '분황사(芬皇寺)'라고 지었다. 향기분(芬) 황제황(皇) 절사(寺), '왕의 향기 어린 절', 왜 굳이 스스로 '나는 향기로운 황제'라고 했을까? 향기 없는 꽃씨를 선물 받고 여왕으로서 자존심과 부담을 떨치고 싶은 욕망은 '분황사' 즉 향기로운 임금님의 절을 세웠다고 볼 수 있다. 그때 귀족들의 여왕에 대한 묘한 분위기를 느낄 것만 같다. 선덕여왕은 정말 향기 나는 매력 있는 여자였을까?

분황사는 1915년 일인들에 의해 수리할 때 2~3층 사이 석함 속에 장치된 사리 장엄구가 발견되었다. 이때 발견된 병 모양의 그릇, 은합, 실패와 바늘, 침통, 금 은제 가위 등은 경주박물관에 전시하고 있다.

공양품들인 그릇, 실패, 바늘과 바늘통 가위 등이 여왕 관련 생활 소지품 들이라면 아마도 "나는 여자 석가모니다." 하고 증명이라도 하는 것만 같다. 선덕여왕 때 새운 황룡사 9층 목탑 심초석에서도 같은 종류의 유물들이 출토되었으니 정말 그런 의미일까? 의미 있는 상상을 해 본다.

643년에 자장이 당나라에서 대장경 일부와 불전을 장식하는 물건들을 가지고 귀국하자 선덕여왕은 그를 분황사에 머무르게 하였다. 원효는 이 절에 머물면서 화엄경소, 금광명경소 등 수많은 저술을 남겼으며 신라의 독창적인 불교인 법성종을 완성하였다.

## 죽어서도 아들만 바라본 원효와 설총

설총은 원효와 요석공주가 극적으로 만나 요석궁에서 사랑을 나눈 후 태어난 아들이다. 원효가 죽은 뒤 그의 아들 설총은 원효의 유해로 소상을 만들어 이 절에 모셔 두고 죽을 때까지 공경하였는데 하루는 아들 설총이 공양하며 옆에서 절을 하자 소상이 아들 설총 쪽으로 고개를 돌렸다고 하는 설화가 전해 내려온다.

일연이 『삼국유사』를 저술할 때까지는 원효의 소상이 있었다고 한다.

31대 신문왕 6년 686년 3월 그믐날 원효대사는 이 땅을 극락으로 삼아 혈사에서 열반에 드셨으니 스님의 세수 70이었다고 한다.

**토막상식**

**원효대사**

원효(元曉)는 처음 원(元), 새벽 효(曉), 즉 첫 새벽이라는 뜻이다. 진평왕 39년 압량군 불지촌 밤나무골에서 출생했다. 어머니가 큰 별이 품에 안기는 태몽을 꾸고 잉태했다고 하며 밤나무 밑에서 태어날 때는 오색구름이 밤나무 숲을 덮었다고 하며 원효를 낳자마자 어머니는 세상을 떠나시고 세 살 때 아버지가 돌아가셔서 할

아버지 밑에서 자랐다고 한다. 진덕여왕 4년 650년 원효 스님이 34세 되던 해, 원효 스님과 의상 스님은 당나라 유학길에 올랐으나 요동에서 붙잡혀 탈출하여 첫 번째 유학은 실패하였다.

두 번째 유학길도 고구려 국경에서 붙잡혀 실패하고 돌아왔다.

세 번째 유학길이었다. 원효는 밤중에 해골바가지 물을 마시고 이튿날 날이 밝아 밤중에 시원하게 마신 물이 해골바가지에 담긴 물인 것을 보고 역겨워 토하고 모든 것은 마음먹기에 달렸다는 것을 알고 깨달음을 얻어 지금의 경기도 화성시 남양만 포구에서 신라로 되돌아왔다는 유명한 이야기가 전해진다.

**원효대사 말씀**

- 일체유심조: 모든 것은 마음의 장난이다.

「마음이란 형체도 없고 빛깔도 없고 냄새도 없고 보이지도 아니해서 보려고 해도 볼 수도 없고 붙잡으려 해도 붙잡을 수 없으니 심히 다루기가 어렵지만 그렇다고 해서 그대로 내버려 두면 간사스러운 생각, 탐욕스러운 생각으로 사람을 나쁜 길로 끌고 간다.」

「이 세상 형체 있는 모든 것은 인연에 의해 잠시 어우러져서 머물다가 변하고 부서져서 없어지는 것」

- 원효대사 발심수행장

「금년 금년 하면서 번뇌는 한량없고,

내년 내년 하면서 깨달음을 얻지 못하고,

시간 시간 하면서 어느새 하루요,

하루하루 지나가 어느덧 한 달여요,

한 달 두 달 지나가 문득 일 년이 지나가고,

일 년 이년 뒤바뀌어 죽음에 당도하니

부서진 수레는 구르지 못하고,

늙은 사람은 닦을 수가 없네.」

- 인생은 60을 살아도, 70을 살아도, 허망하고 괴롭기는 사흘 밤을 지내고 헤어지는 것과 조금도 다를 것이 없다.

지내고 나면 모두가 한 토막 꿈이다.

- 꿈인 줄 알았으면 빨리 깨어나야지.
  꿈인 줄 알면서도 꿈속에 있으면 장차 어쩐단 말이오.
- 지금 떠나는 것이나,
  이틀 후에 떠나는 것이나,
  십 년 후, 오십 년 후 죽어서 떠나는 것이나,
  허망하고 괴롭기는 마찬가지요.

- 쓸데가 없다.
  분황사에 머물던 어느 날 아버지 원효가 빗사무를 설총에게 건네주면서 "네 마음을 쓸 듯이 매일 아침 절 마당을 깨끗이 쓸어라."라고 하였다.
  설총이 빗자루를 들고 이른 새벽 마당을 쓸려고 나와 보니 이미 누군가가 마당을 깨끗이 쓸어 놓아 쓸데가 없었다고 한다.
  그래서 요즘 우리가 쓰는 '쓸데없다', '쓸데없는 소리'라는 말이 여기에서 유래되었다는 믿거나 말거나 우스갯말이 있다.

# 분황사 모전석탑(국보 30호)

분황사는 석탑은 지금까지 남아 있는 가장 오래된 신라 탑으로 유명하다. 안산암을 벽돌 모양으로 다듬어 쌓은 높이 9.3m의 모전석탑이다. 분황사 창건 당시 만들어진 석탑이 임진왜란 때 반쯤 파괴되었는데, 조선 시대에 이 절의 스님이 수리하려고 하다가 도리어 더욱 파손시켜 1915년 다시 수리하였다. 현재는 3층으로 되어 있으나 원래는 9층이었을 것으로 추정된다.

우리 문화제는 대부분 임진왜란, 몽고난, 일제강점기, 6·25 사변 때 화마를 당하거나 도난당했다.

# 호국용이 살았다는 삼룡변어정과
# 화쟁국사비 받침

원효 비석 받침                       삼용변어정

지금까지도 마실 수 있는 분황사의 우물은 신라 시대 때 우물 삼룡변어정이다.

신라 우물이 원형 그대로 남아 있다. 우물의 겉모양은 팔각이고 내부는 원형이다.

전설에 따르면 이 우물에는 세 마리의 호국용이 살고 있었는데, 원성왕 11년(795)에 당나라 사신이 이 우물 속에 사는 신라를 지키는 호국용을 세 마리의 물고기로 변하게 한 뒤 숨겨 가져가는 것을 원성왕의 꿈에 세 여인이 나타나 용이 남편들이라는 하소연을 듣고 병사를 보내 뒤쫓아가서 빼앗아 우물에 도로 넣었

다고 한다.〈삼국유사〉

　그 뒤 삼룡변어정이라고 부르게 되었다고 한다. 천 삼백 년 전에 만들어진 신라 우물 가운데에서 원형 그대로 남아 있는 가장 오래된 우물이다.

　고려 숙종 6년(1101) 8월에 원효와 의상이 동방의 성인인데도 불구하고 비석이나 시호가 없어 애석하게 여겨 원효에게 '대성화쟁국사'라는 시호를 내리고 비석을 세웠는데 비는 없어지고 받침돌에는 차신라화쟁국사지비적(比新羅和諍國 師之碑蹟)이라고 쓴 김정희의 친필이 음각되어 있다.

　1965년 분황사 뒷담 우물 속에서 머리 없는 여러 구의 불상들이 발견되었는데 조선 시대 억불 정책의 영향으로 모두 목이 잘려져 우물 속에 버려진 것으로 추측한다. 경주박물관에 보관되어 있다.


# 부처님이 선물한 두 눈

분황사 설경

분황사 북쪽 벽에 있었다는 솔거가 그린 유명한 천수 대비 그림은 경덕왕 때 희명의 다섯 살 난 아이가 갑자기 눈이 멀자 그림 앞에 가서 지극정성으로 빌었더니 갑자기 눈을 뜨게 되었다는 이야기가 전해진다. 〈삼국유사〉

손이 천 개, 눈도 천 개, 천수 천안 부처님이니 천 개의 눈 중에 희명의 아이에게 눈 둘을 선물하여 눈을 떴을까?

경덕왕 14년(755)에는 무게가 30만 6,700근이나 되는 약사 여래입상을 만들어서 이 절에 봉양하였다고 한다.

그 외 많은 유물이 있었을 터이나 몽골의 침략과 임진왜란 등으로 모두 유실되었고, 지금 분황사는 석탑의 삼 층까지만 남아 있는 자그마한 절이 되었다.

역사 기록들로 미루어 선덕여왕 때 얼마나 큰 절이었는지 상상하며 온 백성들이 무병장수하라고 자신의 향기로 병을 고쳐주는 약사불을 모신 선덕여왕의 백성을 사랑하는 마음을 탑 앞에서 눈을 감고 아련히 느껴본다.


## 백 년 동안 세운 절, 황룡사

진흥왕은 가히 신라 광개토왕이다. 불과 19세에 영토를 지금의 함경북도까지 넓혔다.

진흥왕 순수비는 왕이 개척한 국경 지역을 순찰하면서 그 중 표로 각지에 세운 비석으로 대부분은 자연석에 해서체로 음각한 것이다. 현재까지 발견된 것은 경남 창녕의 창녕비, 북한산 소재 북한산비, 함남의 황초령비, 함남 이원의 마운령비 등이다.

왕 14년(553). 자신의 성취에 만족한 20세 젊은 진흥왕은 월성 동쪽 전통적인 성지로 여겨지던 늪에 새 궁궐을 짓도록 하였다.

'본래 늪지인 곳에 물이 고이고 풀이 우거져 25,000여 평의 못 상태를 이루고 있었던 곳을 메우니 수십 년 살던 온갖 큰 물고기 와 자라, 물뱀들이 나타난 것을 보고 이무기라고 믿었을 것이다.

이 늪에는 용궁에 사는 용(용왕)이 산다고 믿은 사람들은 놀랐 을 것이고 자연스럽게 황룡이 나타났다고 확산하고 번져 갔을 것이다'.

그래서 황용사(黃龍寺)라 불리다가 대왕의 절이라고 황제 황자 가(皇龍寺) 덧붙여졌을 것이다.

왕 27년(566) 1차 공사가 끝나고 3년 뒤(569)에 주위 담장이 쌓 아지고 신라 삼보의 하나인 장육존상은 왕 35년(643)에 착수하 여 2년 후 완성을 보았다. [참고 자료: 김기흥,『천년의 왕국 신 라』]

황룡사는 신라 23대 진흥왕 때 절을 짓기 시작하여 선덕여왕 15년(646)에 자장율사의 권유로 9층 목탑을 완성하기까지 진흥 왕, 진지왕, 진평왕 그리고 선덕여왕에 이르기까지 네 분의 임금 이 거의 100년 동안 지은 절이다.

진흥왕이 처음 궁궐을 지으려고 했으나 황룡이 나타나서 계획 을 바꾸어 궁궐 대신 절을 지었다고 한다.〈삼국유사〉

그래서 절 이름도 황룡사로 지었다.

남쪽으로부터 중문, 탑, 금당, 강당이 있었고 중금당 좌우에 회랑을 갖춘 서 금당이 있었던 큰 절이었으나 1238년 몽골침입 때 모두 불타버리고 지금은 주춧돌만 남아 있다.

이 절은 탑 하나에 여러 부처님을 모시는 전각인 금당이 셋, 탑이 중앙에 하나, 즉 일 탑 삼금당의 독특한 양식이다.

완공 후 무려 685년간 큰 절로 유지된 사찰인데 몽골침입 때 불타버리고 현재는 군데군데 그때의 역사를 이야기하듯 큰 주춧돌들만 외롭다.

1975~1978년까지 3개년 계획으로 경주문화재연구소가 전면 발굴조사를 시행하였는데, 이 절이 동양 최대의 사찰이었으며, 애초 늪지를 메워 대지를 마련하였음이 밝혀졌다. 신라 역대 왕들은 나라에 어려운 일이나 중요한 일이 있으면 이곳에서 친히 법회에 참례하고 부처님께 기도드린 황실 사찰이다.

신라가 망한 뒤 고려 때까지도 여전히 중요하게 여겨진 절이었으나 고려 고종 25년인 1238년 몽골군의 침입 때 장안이 온통 불바다가 되어 버렸다. 그때 웅장하고 아름답던 황룡사 목탑도 모두 불타버렸다고 한다.

조선 시대에 저술된 『동경잡기』에는 "오직 장륙불상만이 남아 있다."라고 하였으니 조선 시대까지는 부처님이 남아 있었나 보다.

진흥왕 때 황룡사 절이 완성되고 선덕여왕 때(643년)에 황룡사 9층 목탑이 만들어지게 되었다고 한다. 이 목탑의 건립에 대해서는 『삼국유사』와 탑에서 발견된 '찰주본기'의 기록이 있다.

선덕여왕 재위 동안에는 백제, 고구려의 침입을 많이 받았다. 선덕여왕께서는 나라의 어려운 일들을 절을 많이 세우면 부처님께서 지켜준다고 믿어 재위 15년 6개월 동안 무려 40여 개의 절을 세웠다고 한다.

9층 목탑도 여왕님이 주위 아홉 나라로부터 나라를 지키기 위한 염원으로 9층 탑을 세웠다. 전설에 의하면 신라 유명한 자장 스님이 당나라에 유학하여 신인을 만나 신라의 어려운 상황을 이야기하였다. 신인은 "너희 나라는 여자가 왕이 되어서 덕은 있으나 위엄이 없어서 전쟁도 많다."라는 이야기를 듣고 해결 방법을 물으니, 당신 나라에 큰 절인 황룡사에 내 맏아들이 호법용으로 있으니, 그 자리에 9층 탑을 세우면 나라의 위엄을 만방에 떨칠 것이며 인근에 있는 아홉 나라가 모두 항복할 그것이라고 말하고, "탑이 완성되거든 팔관회를 베풀어 죄인들을 모두 놓아주면 나라가 태평해지고 감히 왜적들이 침략을 못 할 것이다."라는 말을 듣고 급히 귀국하여 여왕께 보고드려 당시 최고의 목탑 기술자로 소문 난 백제 아비지를 어렵게 초청하여 탑을 완성하였다는 전설이 전해진다. 〈삼국유사〉

선덕여왕 12년(643)에 시작하여 2년 후 탑이 완공된 후 온 장안 어디에서나 그 탑의 우뚝한 모습을 볼 수 있었다고 하며 높이가 80여 m로 요즘 30층 아파트 높이였다고 하며 9층 기와집으로 된 탑 꼭대기에는 높이가 42척이나 되는 금빛 상륜부가 있어 아름다운 풍탁 소리가 사방에 울렸다. 탑이 있었던 자리에는 탑의 무게 중심을 유지하는 심초석과 주춧돌들만 휑하니 어렷이

목답지

남아 있다.

황룡사에는 참 유명한 것이 많았다. 성덕대왕신종보다도 무려 4배나 크고 성덕대왕신종보다 17년이나 앞서 100여 톤의 종을 만들었다고 하는 기록이 『삼국유사』 권3에 전해진다.

"신라 35대 경덕왕 13년(754)에 황룡사의 종을 주 성하니, 무게는 49만 7,581근이었다."라고 기록하고 있다. 황룡사는 9층탑과 100여 톤의 범종과 장육존상이 있었던 부처님 궁궐이었다.

## 새들도 착각한 늙은 소나무 그림

서라벌 장안에는 하늘에 수많은 별을 확 뿌린 것처럼 많았다는 절 중에서 가장 큰 법당은 황룡사 법당이었는데 법당의 사방 벽은 신라의 유명한 화가 솔거의 그림으로 장식되어 있었다.

황룡사 9층 목탑                         황룡사 치미

그중에 늙은 소나무 그림이 한 폭 있었는데 얼마나 생생하게 잘 그렸는지 마치 살아 있는 나무와 흡사하여 새벽에 법당문이 열리면 온갖 새들이 정말 소나무로 알고 날아와서 앉으려다가 벽에 부딪혀 떨어지곤 하였다는 이야기가 전해진다. 〈삼국유사〉

그 후 세월이 한참 흘러 색깔이 퇴색하여 그림을 잘 그리는 한 스님이 그 그림 위에 다시 색칠하였는데 그 후로는 법당문이 열려도 일체 새들이 날아들지 않았다고 한다.

솔거는 어릴 때 집이 가난하여 밭에 김을 매면서 땅에다 호미로 그림을 그리며 공부하여 유명한 미술가가 되었다고 한다.

솔거의 그림으로는 황룡사의 벽화 외에 분황사의 벽에 그린 십일면 관세음보살상과 진주 단속사의 벽에 그린 유마거사 상이 있다고 한다.

# 인도가 실패한 불상을 단번에 만든 신라

진흥왕 때 인도의 아쇼카왕이 구리 5만 7천 근과 황금 3만 푼을 모아 석가 삼존불을 조성하려고 세 번이나 주조하였으나 모두 실패했으므로 할 수 없이 인연이 닿는 그곳에서 부처님의 조성을 바라며 구리와 금과 철을 모두 배에 실어 띄워 보내 신라 동해안 해변 하곡현에 도착해 진흥왕은 동봉된 모형대로 장육존상과 협시보살을 단번에 주조했다는 전설이 전해진다.

장육존상은 진흥왕 35년(643)에 착수하여 2년 만에 완성을 보았다고 한다. 금당 터에는 삼존불 큰 받침돌만 여럿이 남아 있어 부처님 크기를 실감케 한다.

어느 날 진흥왕이 돌아가시기 전 불상의 눈에서 눈물이 흘러 발꿈치까지 흘러내렸는데 땅이 한자 가량이나 젖었다니 대왕께서 세상을 떠날 징조였다고 한다. 〈삼국유사〉


# 짧고 굵게 산 영웅 진흥 태왕

오래 사는 영웅은 드물다. 인생사에서 자신이 세운 뜻을 지켜 살며 하늘이 준 천수를 다 누린다는 것이 결코 쉬운 일이 아님을 역사는 보여준다. 불퇴전의 용기가 필요하며 그러한 용기를 발휘하며 살다가는 요절하기에 십상인 인간의 삶이다. 40세를 못 채우고 돌아간 광개토대왕, 진흥왕도 불과 43세 나이에 죽었다.

진흥왕은 후비가 4명으로 가장 많았던 왕이다. 왕 원년에 신라 인제양성소인 화랑제도를 창립하였다.

## 바위에 세긴 신라 귀족들의 피서 기록

법흥왕 12년인 525년 6월 18일 진흥왕의 아버지(법흥왕의 동생 입종갈문왕)와 어머니(법흥왕의 딸 지소부인)는 더위도 피할 겸 월성을 떠나 고귀한 여러 귀족 부인들과 함께 음식을 준비하여 수레에 싣고 이 계곡에 와서 아혜모홍(阿兮牟弘)이 음식 요리를 맡아 계곡에서 물고기를 잡고 밥을 해 먹고 피서를 즐겼다.

14년이 흐른 539년 7월 3일 입종갈문왕비는 죽고 그 남편인 입종갈문왕(법흥왕 동생)은 지난날의 지몰시혜비와 사랑을 그리워하며 여섯 살 난 아들 어사추이랑과 장모인 법흥왕비와 셋이서 다시 이 계곡에 찾아와서 그때를 생각하며 바위에 글을 새겨 남겼다.

이 골짜기에는 원래 알 수 없는 그림과 기호와도 같은 옛 문양이 있어 사부지 갈문왕은 바위에 서석곡(書石谷)이라 새겼다. 그 외 백 수십 명의 화랑과 낭도들이 이곳을 다녀가면서 자신들의 이름을 새겨놓았다. 천전리 서석곡은 1970년 12월에 알려졌다.

# 구황동(九皇洞)이란?

경주는 황룡사, 분황사가 위치한 동네 이름이 구황동(九皇洞)이다. 황제 황(皇), 임금님과 관련된 절이 아홉 개가 있었다는 의미이다. 지금까지 절 이름이 알려진 곳은 분황사, 황룡사, 황복사다.

분황사는 선덕여왕, 황룡사는 진흥왕과 선덕여왕, 황복사는 54대 경명왕이 사망한 후 이곳에서 화장했다는 기록과 삼층석탑은 692년(효소왕 1)에 왕이 아버지인 신문왕의 명복을 빌기 위해 건립한 것이다. 나머지 이름이 전해지지 않는 절은 흔적도 없고 어느 왕과 관련이 이었을까? 궁금하기만 하다.

서라벌 중심 황룡사가 있었던 절터는 꼭 가보시라고 추천하고 싶다. 절터에서 보는 저녁노을은 아득한 옛날 역사 속으로 많은 생각에 잠기게 하고 아름답다.


# 진평왕은 왜 둘째 딸에게 왕위를 물려주었을까?

선덕여왕은 반만년 우리 역사 속에 처음 여왕이 되신 분이다.

신라 56 왕 중에 세 명의 여왕이 있었다.

27대 선덕여왕, 28대 진덕여왕 그리고 51대 진성여왕이다.

그때는 여자분들도 성골 신분으로 능력이 있고 훌륭하면 왕이 될 수 있었나 보다. 선덕여왕은 26대 진평왕의 둘째 공주로 태어나셨다. 서기 632년부터 647년까지 15년 6개월 동안 왕위에 계신 분이다. 언니는 천명공주, 동생이 덕만공주, 둘째 덕만공주가 다음 왕이 되는데 이분이 바로 27대 선덕여왕이다.

아들이 없든 진평왕은 딸에게 왕위를 물려준 위대한 왕인데, 로마 아우구스투스 황제는 무남독녀를 두고 피눈물 나는 노력으로 사위를 황제에 앉히려 했으나 결국 사랑하는 딸 율리아를 섬으로 귀양 보내는 비극과는 대조적이다.

아버지 진평왕은 왜 둘째 공주인 덕만에게 왕위를 물려주었을까?

진평왕은 마야부인에서 아들을 얻지 못했다. 그래서 진평왕 대에 남자 성골이 끊어진 것이다. 후궁 승만 왕후에게서 아들을 보았으나 어릴 때 죽었다고 한다. 그래서 하는 수 없이 용과 봉황의 자태로 태어났다고 소문 난 둘째 딸 덕만공주에게 왕위를 물려주기로 마음먹었다.

동생 덕만은 내성적인 성격의 언니와 달리 적극적인 성격으로 아버지 진평왕은 덕만이 남자로 태어나지 못함을 늘 한탄 하며 딸의 배포와 지혜라면 왕의 자격이 있다고 판단하여 귀족들의 반대에도 불구하고 결국 둘째 공주 덕만이 632년 신라 27대 왕이 된다. 그러나 그것은 우리 역사의 새로운 장을 여는 기회였는지 모른다.

『화랑세기』에는 이를 두고 '선덕공주가 자라자 용봉의 자태와 태양의 위용을 갖게 되었다.'라고 적고 있다. 그 당시 여자를 왕으로 모시기 위한 왕실과 귀족들의 분위기를 알 것만 같다.

선덕여왕께서 왕위에 오르실 때 국내적으로도 많은 반대자가 있었고 대외적으로도 어려움이 많았다. 왕이 된 후 주위로부터 여러 번 침략을 받아 많은 전쟁을 치렀으니 나라가 혼란스럽고 어려웠다.

그러나 여왕께서는 하늘의 뜻을 받는 첨성대를 세우고 훌륭한 장군 김유신과 참모 겸 외교관 김춘추를 두어 전쟁을 극복하려고 노력하였고 또 전사자들의 영혼을 달래는 영묘사도 세웠다.

김유신 장군은 백제 전투에 나가 큰 공을 세워 여왕을 보위하고, 김춘추는 훌륭한 외교관으로 활약하였다.

당 태종은 선덕여왕을 삼 년 동안이나 신라의 왕으로서 인정하지 않았을 뿐만 아니라 향기 없는 모란 꽃씨를 보내 여자로서의 향기도 없고 자식도 못 낳는 여자라고 비아냥거렸으니 얼마나 자존심이 상했으면 향기 나는 절을 세웠으랴!

## 선덕여왕, 자식을 얻기 위한 남편들?

진평왕은 53년 동안 왕위에 계시다 632년에 돌아가셨고, 덕만공주가 왕위에 올랐을 때는 아마도 젊은 나이는 아니었고 40세 정도로 연세가 있었을 것으로 생각된다.

『삼국유사』에는 선덕여왕이 자식을 얻기 위해 3명의 남편을 둘 수 있게 하는 삼서지제로 인하여 용춘 외에도 흠반과 을제를 남편으로 삼았다고 한다. 그러나 끝내 자식을 얻지 못했다. 그래서 재위 15년 6개월 만에 돌아가시고 남자 성골은 대가 끊어지고 사촌 여동생이 왕위에 올랐는데 그분이 마지막 성골, 28대 진덕여왕이다. 〈삼국유사〉

## 남편 복과 자식 복이 없었던 여자

아직 위서(僞書, 가짜 기록)의 혐의를 벗지 못하고 있지만,『화랑세기』에는 선덕여왕이 두 사람과 세 번 결혼했다고 적혀 있다. 두 사람이란 용수(龍樹)와 용춘(龍春) 형제이다. 이들은 모두 3년 만에 폐위된 25대 진지왕의 아들인데, 진지왕이 죽고 사촌인 진평왕이 26대 왕으로 즉위한 뒤, 형인 용수는 진평왕의 딸 천명공주와 일찌감치 결혼하였고, 용춘은 진평왕의 후계로 거의 결정된 다음에 덕만(선덕)공주와 결혼하였다. 사실 용수를 사위로 맞을 때 진평왕은 그에게 왕위를 물려주려 했으나 폐위된 왕의 아들이란 핸디캡이 있었다. 그러나 선덕이 자라면서 '용봉(龍鳳)의 자태와 천일(天日)의 위용을 지녀' 천명에게 용수가 왕에 오르는 것을 양보하라 명령하였다. 용춘과 선덕 사이에는 아이가 없었다. 그래서 용춘은 스스로 물러났다. 이때 진평왕은 용수에게 선덕을 모시라고 하였다. 이미 천명과 결혼했는데도 말이다. 선덕의 두 번째 결혼이다. 그러나 용수와의 사이에도 아이가 생기지 않았다. 이 사이에 형 용수는 죽으면서 첫 부인 곧 천명공주와 아들을 동생 용춘에게 부탁한다. 이 아들이 바로 김춘추이다. 선덕

해설사와 함께하는 스토리텔링 신라 이야기와 맛집 100선

은 왕으로 즉위하자 다시 용춘을 남편으로 맞아들인다. 모두 세 번째, 같은 사람과는 두 번째 결혼이다. 이해할 수 없는 결혼 기록이지만 김춘추는 언니 천명의 아들이니 조카요 또한 용춘은 여왕의 남편이 되니 김춘추의 이모부이자 새 아버지가 되는 셈이다.

『삼국유사』와 다소 다른 『화랑세기』의 기록이다.


## 호국 영령을 위해 특별히 새운 절

선덕여왕은 15년 동안 수많은 외침을 받았다. 한꺼번에 40개의 성을 잃었다는 삼국유사의 기록도 있다. 얼마나 전쟁에 시달려 답답했으면 첨성대를 세우고 하늘의 뜻을 받으려 했을까? 얼마나 많은 군사가 전쟁터에서 목숨을 잃었으랴!

여왕께서는 전쟁에 나가 사랑하는 처. 자식을 남겨둔 채 목숨을 바친 안타까운 영혼들의 극락왕생을 위해 특별히 여왕의 명령과 양지 스님의 주도로 영묘사(靈廟寺)를 세웠다. 그 비용은 곡식 2만 3천7백 석이 들었다고 한다. 영혼을 모시는 절. 지금으로 치면 현충사와 같다. 여왕을 짝사랑한 지귀를 만나기로 했던 절이다. 여왕께서는 절을 세우고 친히 나라를 위해 목숨을 바친 안타까운 영혼들을 위해 부처님께 기도하며 극락왕생을 빌었다.

지금 오릉 옆에 있는 흥륜사가 영묘사 터로 알려져 있다. 영묘사가 있었던 마을 이름은 '두드리'로 불린다. 영묘사에서 얼마나 많은 제를 올리며 북을 두드렸기에 지금도 마을 이름이 '굿을 많이 하는 굿당마을'이라는 뜻의 두드리로 전해질까?

## 여왕을 짝사랑한 마부

어느 날 궁궐에서 말에다 짐을 실어 나르는 역졸 지귀가 여왕을 지극히 짝사랑한다는 소문이 궁궐에 돌자 여왕은 너무나 안타까운 마음에 지귀에게 몰래 사람을 보내 영묘사에서 제를 지낼 때 오면 잠깐 불 수 있을 거라 했다. 지귀는 이게 꿈인가 생각하며 일러 준 날 목탑 아래 앉아 제가 끝나기를 하염없이 기다리다 그만 깜빡 잠이 들어 버렸다. 마침 제를 마친 여왕이 나와 잠이 든 지귀를 보고 깨우지 말라 하고 소지한 금팔찌를 선물로 놓아두고 떠났다. 잠이 깬 지귀는 너무나 안타까워 뒹굴며 화를 못 참았다. 그때 지귀의 마음속 울화가 영묘사 목탑을 불태웠다고 삼국유사에 전설로 전해진다. 〈삼국유사〉

전설이지만 하찮은 백성의 마음도 헤아렸다는 여왕의 애민 정신이 잔잔하게 전해온다.

# 미래를 내다보는 선덕여왕

여근곡

　여왕께서는 미래를 미리 훤히 보는 능력이 있었는데, 『지기삼사(그 낌새를 미리 알아차린 세 가지 일)』로 오늘날까지 전해진다.

　왕 5년(636) 5월 어느 날 밤, 여왕이 세운 영묘사(靈廟寺)의 옥문지(玉門池)에서 겨울인데 한 무리의 개구리들이 모여 사나흘 동안 우는 이상한 꿈을 꾼 후 매복 병을 미리 알고 알천 장군을 보내 여근곡(女根谷)에 매복한 백제 장군 우소와 500명의 군사를 섬멸하여 이를 물리치고, 당 태종이 선물한 벌 나비 없는 모란꽃 그림과 꽃씨를 받아보고 향기 없는 꽃을 보낸 것을 미리 아시고, 자식도 못 낳는 향기 없는 여자라는 비아냥을 안으로 삭이며 향기 그윽한 분황사를 세웠다니 당나라 황제쯤 되는 자가 어찌 작은 나라 왕 하나 놀려먹으려 그런 짓을 했을까?

※ 겨울 흰 개구리는 군사를 의미한다. 여근곡은 고속도로 대구 방향 경주터널 바로 전 왼편 여성의 성기를 닮은 계곡이다.


# 김유신 장군 솔로몬의 지혜

선덕여왕 16년(647)은 왕의 재위 마지막 해인데 이해 정월 초에 상대등인 비담이 반란을 일으켰다. 이들은 여왕을 반대했던 귀족들의 세력으로 비담을 왕으로 추대하기 위해 명활산성에 진을 치고 월성을 공격하였다. 막상막하의 세력으로 김유신 장군의 분전에도 밀고 밀리다 월성이 비담의 세력에 함락될 위기에 처했다. 그날 밤 마침 큰 별똥별이 월성에 떨어졌다. 별이 월성에 떨어진 것은 곧 왕이 죽고 월성이 함락될 징조였다.

김유신 장군은 걱정이 태산이었다. 그러나 지혜로운 장군은 아무도 몰래 큰 연을 만들어 꼬리에 불을 붙여 밤중에 하늘로 날렸다. 멀리서 본 비담의 군사들은 떨어진 별똥별이 다시 하늘로 올라가는 것이 아닌가!

충천하던 사기는 땅에 떨어지고 그 틈을 이용하여 월성의 군사들이 다시 사기충천하여 비담의 난을 진압했다고 한다.

난리 통에 선덕여왕은 안타깝게 난이 진압되는 것도 보지 못한 채 돌아가셨다. 〈삼국유사〉

# 돌아가신 후 부처님이 되신 선덕여왕

**선덕여왕릉**

선덕여왕은 평소 돌아가실 날을 미리 예언하시고 내가 죽으면 부처님 나라인 도리천에 묻어 달라고 유언하셨는데 정말 그날 돌아가셨다. 신하들은 부처님 나라가 어디인지 영문도 모른 채 여왕이 알려준 신선이 내려왔다는 낭산에 장사지냈다.

선덕여왕은 생전 자식이 없었기에 돌아가신 후 남자 성골의 대가 끊어져 4촌 여동생인 진덕여왕이 왕위를 물려받았다.

신라는 나당연합을 맺어, 당나라의 도움으로 통일을 이루었으나 당은 통일된 신라마저 차지하려는 흑심을 드러내 50만 대군을 모병한다고 당에 머물던 김인문의 급한 연락을 받고 이를 알아차린 문무왕과 김유신 장군은 당나라군을 막을 방법을 고심하다 명랑 법사께 긴급 조언을 받아 선덕여왕릉 아래 급하게 호국신인 사천왕을 모시고 지극정성 기도로 당을 완전히 몰아내는 위기를 겪고 진정한 통일을 이루었다.

　이후 비로소 선덕여왕의 유언을 이해하게 되었는데 그것은 사천왕이 있는 곳을 사왕천이라 하고 그 위에 있는 부처님의 나라를 도리천(天)이라 하는 데 여왕이 묻힌 낭산 정상이 사천왕사 위인 도리천인 뜻을 알게 되었다는 것이다. 사천왕사 위에 묻힌 선덕여왕은 돌아가신 지 28년 후에 하늘 위 부처님나라에 묻힌 것이다. 선덕여왕릉은 여왕의 능으로서는 매우 빈약한 감이 있고 또 그 아래 수기의 고분이 있는 점 등은 선덕여왕릉 파악에 혼란을 준다. 하지만 일단 알려진 현재의 봉분이 여왕릉일 가능성은 매우 크다. 능의 둘레는 약 73m에 호석으로는 소형의 자연석을 쌓은 형식으로 처리되어 빈약하게 보여 아마도 후대에 보수하는 과정에서 그렇게 된 것으로 보이며 복원에 관련된 비석이 산 아래쪽에서 있다.

## 선덕여왕을 모델로 삼은 남산 불곡 석불좌상

동남산 불곡 석불좌상은 남산에서 가장 오래된 부처로 7세기 초 진평왕, 선덕 여왕 재위 시기에 세워진 것으로 추정한다. 얕은 감실에 다소곳이 앉은 불상은 남성 부처님상과는 전혀 다르게 자연스럽고 살아있는 듯한 30~40대 한국 여인

남산 불곡 석불좌상

의 모습으로 여왕이 모델이라면 왕즉불 사상이 반영된 것이다.

부처님 모습이라기보다 마음씨 좋은 하숙집 아주머니 모습이다. (문화유산 답사가 유홍준)

그 모습이 선덕여왕을 모델로 하지 않았을까 말하는 학자도 계신다. (건국대 교수 김기흥)

※ 불곡 석불좌상은 수인이 없으니 부처님이 아니고 선덕여왕이 맞을까?

---

**토막상식**

**실권을 가졌던 세계 여왕들**
- 영국: 빅토리아 여왕, 엘리자베스 1세 여왕
- 러시아: 에카테레나 여제
- 중국: 측천무후
- 오스트리아: 마리아 테레샤 여왕
- 스페인: 이사벨 여왕 (스페인 통일)
- 신라: 선덕여왕, 진덕여왕, 진성여왕
- 일본: 비미호 (믿을 수 없음)

# 51대 진성여왕 - 왕의 자리를 스스로 물려 준 유일한 신라왕

신라 51대 진성여왕(眞聖女王, 재위 887~897)은 신라 세 명의 여왕 중 통일의 기틀을 닦았다고 알려진 선덕·진덕여왕과는 달리 망국(亡國)을 불러온 '팜므파탈'처럼 여겨진다. '음란'과 '실정(失政)'으로 나라를 말아먹었다는 얘기다.

『삼국유사』는 진성여왕의 배필은 즉위 초 실질적인 권력자였던 각간 벼슬의 위홍(魏弘)이었다. 도굴당했던 '황룡사 구층목탑 찰주본기'를 1966년에 되찾으면서 진성여왕에 관한 이러한 놀라운 비밀이 알려지게 됐다.

'위홍은 경문왕의 동생이다.' 경문왕은 진성여왕의 아버지였으니 친삼촌이 실질적인 남편이었다. 왕위를 물려받은 지 일 년 만에 위홍이 갑자기 죽자 2~3명의 미소년을 가만히 불러들여 음란한 짓을 자행하고 그들에게 요직을 주어 국정을 위임하니 이로 말미암아 임금의 총애를 받는 자들이 방자하게 날뛰고 뇌물이 공공연히 행해졌으며, 상벌이 공정치 못하여 기강이 문란해졌다.

『삼국사기』에 기록된 오빠 정강왕의 유언은 "나는 불행히 자식이 없으나 누이동생만(曼:진성여왕)은 천성이 명민하고 골상(骨相)이 장부와 같으니 경 등은 선덕·진덕여왕의 고사에 따라 그를 왕위에 세우는 것이 좋을 것이다."

진성여왕 재위 5년, 양길(梁吉)의 부장 궁예가 강릉지역을 공격하고, 재위 6년에는 견훤이 완산(完山:전주)에서 후백제를 세우는 등 혼란이 가중됐다. 이런 난국을 타개하기 위해 그녀가 던진 승부수가 최치원이었다. '토황소격문(討黃巢檄文)'으로 당나라에 문명을 떨친 최치원은 헌강왕 11년(885년) 17년간의 당나라 유학 생활을 청산하고 귀국했다. 그는 세계제국 당나라에서 익힌 정치철학과 행정 능력을 신라에서 발휘하고 싶었으나 진골 귀족이 아니면 고위직에 오를 수 없는 폐쇄적인 신라에서 중하위 지방관을 전전하는 데 그치고 있었다.

그런 최치원에게 진성여왕은 재위 8년(894) 난국 타개책을 작성해 올리라고 명령했다. 최치원은 이에 따라 시무 11조를 올렸는데 여기에는 당연히 신분보다는 능력에 따른 인재 등용을 요구하는 그 시절에는 획기적인 내용이 포함되었고 진성여왕은 이를 즉시 받아드리고 최치원을 6두품 중의 최고 관직인 제6관 이찬에 봉했다.

그러나 그의 시무책은 진골 귀족들에 의해 거부되고 말았다. 국내파가 유학파를 배척한 그때 분위기를 알 것만 같다. 왕 재위 10년에는 빨간 바지를 입은 도적인 적고적(赤袴賊)이 지방은 물론 서라벌의 모량리까지 약탈하는 등 통제 불능의 상황에 빠져들었다.

진성여왕은 도저히 감당할 수 없는 이런 사태에 책임지고 왕위에서 물러나기로 했다. 재위 11년(897) 6월, 백성들이 곤궁해지고 도적들이 벌떼처럼 일어나니 왕위를 내놓고 궁궐 북쪽에서 거주하다가 6개월도 안 된 그해 12월 세상을 떠났다.

진성여왕은 스스로 왕위를 양위한 신라 유일한 왕이다.

진성여왕 재위 중 통일신라가 도로 후삼국 시대가 되고 말았으니 혼란한 신라 말기 시대를 보는 것만 같다.

### 신라 왕 시호의 의미

- 법흥왕: 불법을 널리 퍼뜨려 흥하게 한 왕이다.
- 진흥왕: 불교의 진리를 온 백성들에게 널리 펴 나라를 흥하게 한 왕이다. (19세에 영토를 지금의 함경북도까지 확장했다. 신라의 광개토왕이다.)
- 진평왕
  - 진평왕의 이름은 석가모니 아버지 이름인 백정, 왕비 이름은 마야부인이다.
  - 진평왕은 제석천이 보낸 천사로부터 무릎을 꿇고 천사옥대를 받았다.
  - 진평왕은 궁궐 내 내제석궁(천주사=하늘의 기둥)을 지었다. 왕과 왕실이 궁궐 안의 절의 제석천 전륜성왕은 하늘의 왕을 뜻한다.
  - 당시 왕실이 자신들을 석가모니 일족으로 인식했다.
- 선덕여왕
  - 불교적인 이름이다. 대방등무상경(大方等無想經)에 나오는 선덕바라문이다.
  - 이 세상 여자 석가모니로 태어났다.
  - 우물 모양 첨성대를 세워 하늘하고 연결하고 싶은 욕망으로 땅속 우물을 지상으로 올려 땅과 하늘을 연결했다.
  - 분황사, 황룡사 사리 장엄구: 바늘, 바늘통, 기위 등 자신의 용품은 여인을 증명하고 탑에 공양품으로 넣은 것은 곧 자신이 부처님이라는 의미다.
  - 불교의 세계관으로, 도리천에 묻어달라고(죽어서 도리천에 전륜성왕으로 환생을 염원)했다.
  - 불곡감실석불좌상은 선덕여왕을 모델로 했다.
- 무열왕: 武烈(무기 무, 세찰 열) 백제를 무기로 세차게 무찌른 왕이다.
- 문무왕: 문(文), 글로써 백성을 다스리고 무(武), 무기로 적을 물리친 왕이다.
- 진덕여왕
  - 승만(勝曼) 이름은 불경 승만경과 관련 있다.
  - 이유사국 왕비인 승만의 입을 통해 진리가 말해진다.
  - 위대한 제가(在家) 신도인 왕비 승만과 같은 존재라는 의미다.
- 용수: 석가모니 이후 가장 저명한 인도 승려로서 거의 부처의 경지에 이른 위대한 학자의 이름이다.

### 쪼다의 의미

고구려 20대 장수왕은 오래 살았다고 장수왕이다. 광개토대왕의 맏아들이다.

장수왕이 98세에 사망하자 태자인 아들 조다는 이미 사망하였고 손자 문자명왕이 왕위를 물려받는다. 그래서 태자로 봉해졌지만, 왕도 못 해본 조다이다. 즉 '쪼다'라고 한다.

# 후삼국 시대를 연 두 영웅 아자개와 견훤, 궁예

- 아자개: 삼국유사 기이 편 후백제조에 보면 견훤의 출신과 계통에 대해 진흥왕의 셋째아들인 구류 공이 낳은 아들이 파진찬인 선 품이고, 선 품이 낳은 아들이 각간인 적진이며, 작진과 그의 처 왕파리 사이에서 태어난 이가 각간인 원선인데 이가 바로 견훤의 아버지인 아자게이다.

- 견훤: 892년 26세에 도읍하여 후백제를 세웠다. 918년 9월 아버지 아자개가 왕건에게 귀순(부자. 배다른 형제간의 세력다툼)했다. 935년 3월 장남 신검을 태자로 세워야 한다는 신하들의 중론을 무시하고 넷째인 금강을 태자로 삼으려다 신검의 반정으로 금산사에 위폐 됐다. 935년 6월 금산사를 빠져나와 고려에 투항했다. 936년 9월 신검을 무너뜨림. 강원도 견훤성, 상주에 사당, 황간 견씨 시조다.

- 궁예: 신라 제47대 헌안왕과 이름이 알려지지 않은 후궁 사이의 소생이라는 설과 제48대 경문왕의 아들이라는 설, 제45대 신무왕의 숨겨진 아들이자 장보고의 외손이라는 설 등이 있다. 태어나 얼마 되지 않아 왕이 그를 죽이도록 명하였

는데, 유모가 그를 구해(이때 떨어지는 궁예를 받다가 손으로 눈을 찔러 한쪽 눈이 멀었다고 함) 몰래 길렀다고 한다. 이에 대해 궁예가 왕위 다툼에 희생되었던 왕자였음을 의미하는 것으로 풀이하기도 한다. 왕자 설을 의심하면서 정쟁(政爭)에서 패배하여 몰락하였던 유력한 진골 귀족 가문 출신으로 보기도 한다. 918년에는 왕건이 궁예를 내쫓고 고려를 건국했다. [참고 자료: 한국민족문화대백과사전]

## 미남 태종무열왕

태종무열왕릉

무열왕릉은 사적 제20호로 돌방무덤이며 주인공이 명확한 무덤이다.

입구에 비석이 있어 29대 태종무열왕의 능인 것을 확신할 수 있다.

무열왕의 아버지는 신라 제25대인 진지왕의 장남 용수와 어머니는 26대 진평왕의 딸이자 27대 선덕여왕의 언니인 천명공주이니 진지왕의 손자요 선덕여왕의 조카이다.

할아버지인 진지왕이 실정으로 3년 만에 왕위에서 추방된 후, 직계 자손들은 진골 신분이 되어 왕이 될 수 있는 자격에서 밀려났다. 그러나 그는 유명한 장군이신 김유신의 도움으로 진골 귀족 중에는 처음으로 52세에 왕위에 오르시어 신라 제29대 왕이 되었고 재위 7년 3개월 동안인 660년 나당동맹을 맺어 백제를 멸망시켰고 삼국통일의 큰 업적의 기초를 닦으셨다.

김춘추는 선덕여왕 때부터 유명한 외교관으로 당나라와의 관계를 잘 이루었다. 여왕의 사신으로 당나라에 갔을 때 당 태종이 김춘추의 친화력과 풍채가 범상하고 인물과 늠름함에 반해 "당신은 여기 남아 내 부하가 되시오."라고 가까이 두고 싶었을 정도로 미남이고 일본에 사신으로 갔을 때도 호감을 받았으니 국제적인 미남이었고 능변가였다.

무열왕릉은 원형 봉토분으로 둘레 100m, 높이 12m이며, 봉분의 아래에는 자연석으로 축대처럼 쌓고 큰 돌을 드문드문 괴어 놓은 호석을 둘렀는데 지금은 흙 속에 파묻혀 버리고 괴어 놓은 큰 돌 몇 개만 보인다.

이와 같은 무덤은 경주 시내 대릉원에 있는 삼국시대 신라 고분의 구조보다 한 단계 발전한 형식이다.

무열왕릉은 입구에 국보 25호인 비석 받침이 남아 있어서 확실한 무열왕릉임을 증명한다.

비석의 몸돌은 없어지고, 아래 거북 받침과 비석의 머리를 장식하는 이수만 남아 있다.

이 능비는 신라 시대의 뛰어난 조각으로 널리 알려져 있는데, 이수는 여섯 마리 용이 서로 얽혀 있고 가운데 부분의 평면에 태종의 둘째 아들인 신라의 명필 김인문의 글씨로 알려진 두 줄 여덟 글자 태종무열대왕지비(太宗武烈大王之碑)라고 내리 쓰어 있다.

여섯 마리 용이 몸을 틀고 엉켜 가운데 한 개의 여의주를 다투는 형상의 생동감 넘치는 이수는 통일신라 초기 석조 예술의 높은 경지를 보여주는 대표적인 걸작이며 천 수백 년이 지난 지금도 금방 조각한 것 같이 하얗고 깨끗한 거북 받침이 인상적이다.

신라 문무왕 원년(661)에 아버지 무열왕의 위대한 업적을 길이 기념하기 위하여 세웠다.

무열왕릉 비

해설사와 함께하는 스토리텔링 신라 이야기와 맛집 100선

# 무열왕 백제를 복수하다

무열왕릉 뒤 무덤들

첫째 딸 고타소는 선덕여왕 11년(642) 남편 김품석이 대 가야 성 성주로 부임하여 백제 마지막 의자왕이 보낸 장군 윤충에게 성이 함락되고 남편과 같이 처참한 모습으로 죽었다. 윤충은 품 석과 고타소의 머리를 가져가 궁궐 계단 아래 묻어두고 밟고 오르내렸다고 한다. 김춘추는 딸과 사위를 잃은 슬픔에 몇 날 며칠을 식음을 전폐하고 슬픔에 빠졌다고 한다. 그때 딸과 사위의 처참한 죽음이 얼마나 한이 되었으면 왕위에 오르자마자 백제를 복수하고 멸망시킬 계획을 세웠을까?

무열왕릉 뒤로 큰 네 개의 고분이 있으나 주인공을 모르고 주위 경관이 좋아 산책하기 좋다. 무열왕은 661년 6월 59세를 일기로 생을 마감했다.

---

**토막상식**

**화랑관창**

645(선덕여왕 14)~660(무열왕 7) 신라 무열왕 때의 화랑, 일명 관장이다. 아버지는 좌장군 품일이다. 15세에 화랑이 되었으며 말 타고 활 쏘는 데 뛰어났다. 660년 왕에게 천거되어, 신라가 당나라와 더불어 백제를 칠 때 좌장군 품일 밑에 부장(副將)으로 출전했다. 신라군은 황산벌에서 백제군과 대치했으나, 계백이 이끄는 백제 5천 결사대에 밀려 처음 4차례의 전투에서 이기지 못하고 사기만 떨어졌다. 전세가 불리하자 품일은 아들을 불러 이 싸움에서 공과 명예를 세울 것을 독려했다. 이에 관창은 백제 진영에 뛰어들어 싸우다 사로잡혔으나, 계백은 소년의 용맹에 탄복하여 살려 보냈다. 그러나 다시 적진에 돌입했다가 또 사로잡혔다. 계백이 목을 베어 말안장에 매달아 돌려보내자 신라군은 관창의 죽음에 자극되어 분전함으로써 백제군을 대파했다. 그 공으로 급찬(級飡)에 추증되었다.

## 장군 중의 장군, 김유신 장군

「삼국사기」 인물 열전 열권 중에 그에 대한 기록이 무려 세 권을 차지할 만큼 역사적으로 중요한 위치를 차지 한 인물이다.

김유신 장군 묘는 지름 30m나 되는 큰 무덤으로 봉분 아래에는 병풍처럼 판석으로 호석을 설치하였고 호석 중간중간에는 평복 차림에 무기를 든 12지신상을 배치하였다. 호석의 밖으로 는 여러 개의 돌기둥을 세워 난간을 돌렸다. 한편 호석의 12지신 상과는 별도로 높이 약 30㎝의 납석에 정교하게 새겨 묘의 주변에 땅을 파고 묻어두었던 12지신상이 출토되기도 하였다. 묘의 앞에는 조선 시대에 세웠던 비석이 있으며 석상은 최근 묘를 수리할 때 세운 것이다.

김유신장군묘

---

**토막상식**

**오전(午後)과 오후(午後)**

무덤에 십이지상이 조각된 호석을 보면 정 남쪽에는 말(午)이 있고 정 북쪽에는 쥐(子)가 있다. 오(午)는 12지상 중 말(午)이다. 해가 낮 12시, 정오(正午) 이전이면 오전(午前), 해가 정남을 지나면 오후(午後)라고 하고, 정 북쪽 쥐(子)는 밤 열 두시, 자정(子正)이라고 한다.

# 김유신 가족 이야기

김유신 장군은 정통 신라 귀족이 아니고 가야 마지막 왕족 출신이다.

532년 법흥왕 때 가야 마지막 구형왕은 왕비 및 노종, 무덕, 무력 등 세 왕자와 함께 귀순하여 신라에 병합되었다. 김유신의 할아버지인 무력은 진흥왕의 딸 아양과 결혼하였으니 진흥왕은 김유신의 외 증조할아버지이다. 아버지 김서현도 진평왕의 어머니인 만호태후의 딸 만명과 결혼하여 유신을 낳았으니 김유신의 몸에는 신라 귀족의 피가 반 이상 흐르고 있었다.

## 김유신 아버지의 극적인 러브스토리

김유신의 아버지 서현과 어머니 만명의 결혼은 만호태후(진평왕의 어머니)가 허락하지 않고 아버지 숙흘종이 딸을 창고에 가두어 버려 이루지 못할 뻔했으나 어느 날 갑자기 벼락이 창고 문고리에 떨어져 부서지는 바람에 그 틈에 도망을 나와 신혼을 꾸렸다는 이야기는 유명하다.

김유신 아버지 서현은 김유신을 가질 때 태몽으로 하늘에 별을 한 아름 가슴으로 품는 태몽을 꾸고 김유신을 잉태했다고 한다. 김유신의 외할머니 만호태후는 서현이 가야계라는 이유로 딸의 결혼을 끝내 인정하지 않았으나 외손자가 태어났다는 소식을 듣고 손자를 보고 싶어 하다가 외손자 김유신을 안아보고는 흡족해하고 마음을 바꾸었다고 한다. 김유신은 태어날 때 일곱 개의 별이 등에 새겨져 있었다고 한다.

결국 김유신의 몸에는 신라 정통 성골 진흥왕 가족의 피가 섞여 있어도 가야계라는 딱지가 수 대에 걸쳐서도 떨어지지 않고 알게 모르게 차별을 받았다.

그래서 김유신은 자신의 대에까지 이어지는 눈에 보이지 않는 차별을 극복하기 위해 둘째 여동생 문희를 신라 왕족인 김춘추의 부인으로 만든 일화는 유명하다.

## 김유신 장군의 첫사랑과 부인들

김유신은 15살에 화랑이 되고 16세 때 첫사랑 천관녀를 무척이나 사랑하여 매일 밀회하였으나 어머니 만명 부인의 반대로 해어지고, 누구나 첫사랑은 애잔한 것, 이루지 못한 첫사랑을 평생 마음속에 간직하고 살았는지 비구니 승이 된 천관녀가 나이가 들어 죽자 예의를 갖춰 장례를 치르고 첫사랑의 이름을 따 천관사라는 절을 세우고 명복을 빌었다는 러브스토리가 짠하게 전해 내려온다.

월정교 건너에 꽤 큰 규모의 절터인 천관사 터가 남아 있다.

김유신 장군은 정부인 셋과 여러 명의 부인을 두었고 많은 자녀를 얻었다.

첫째 부인은 영모이며 둘째 부인은 영모 누이동생인 유모이다. 둘 다 미실의 손녀딸이다.

영모와 유모는 설화랑과 미실 사이에서 난 보종의 딸이니 김유신과 김춘추는 미실의 손녀들을 아내로 맞았고. 김춘추와 김유신은 서로 동서지간이며, 미실은 김춘추와 김유신을 손녀사위로 둔 것이다.

셋째 부인은 지소인데 무열왕과 자신의 여동생인 문명왕후 사이에서 난 딸이니 결국 김유신은 질녀를 셋째 부인으로 맞았다. 요즈음의 촌수로는 도저히 따져 볼 수가 없다.

신라 왕실은 골품을 지키기 위해 근친결혼을 했으나 좀 이해하기 어렵다.

자녀로는 삼광, 원술을 비롯해 4명의 아들과 딸 넷을 두었으니 결국 모두 10명의 아들과 딸을 두었다고 한다.

지소부인은 임전무퇴하지 못한 원술을 끝까지 아들로 받아 주지 않은 이야기는 유명하다.


## 아들을 끝내 용서하지 않은
## 김유신과 지소부인

김유신은 아내 지소부인과의 사이에 아들 다섯과 딸 넷이 있었는데 그 중 원술(元述)은 둘째 아들이었다.

『삼국사기』의 기록에 따르면, 원술은 왕명을 받고 672년(문무왕 12) 전쟁터에 비장(裨將)으로 출전했는데 신라 군사가 패주하자 적진에 뛰어 들어가 싸워 죽고자 했으나 좌관(佐官)·담릉(淡凌)이 헛되이 죽어서는 안 된다고 한사코 말리므로 전사할 기회를 놓치고 말았다.

이러한 사실을 안 김유신은 장졸들은 용서하였으나 그의 아들, 원술은 왕명을 욕되게 하였을 뿐만 아니라 가훈을 저 버렸다 하여 목을 베려 하였다. 그러나 원술은 왕의 용서로 죽음을 면하였다.

원술은 부끄럽고 두려워서 감히 아버지를 뵙지 못하고 시골 농장에 숨어다니다가 아버지가 돌아가신 뒤에야 어머니 뵙기를 청하였다.

그러나 그의 어머니 지소부인은 "부인에게는 따라야 할 세 가지 의리가 있다. 내가 지금 과부가 되었으니 아들을 따라야 하겠지만, 너 같은 자는 이미 선군(先君)에게 아들 노릇을 하지 못하였으니 내가 어찌 그 어머니가 될 수 있겠느냐?"라고 아들을 만나보지 않았다.

원술이 통곡하며 가슴을 치고 땅을 구르면서 차마 떠나지 못하였지만, 부인이 끝내 보지 아니하여 원술은 태백산으로 들어가고 말았다.

이후 을해년(문무왕 15년: A.D.675)에 당나라 군사가 매소천성(買蘇川城)을 치자, 원술이 이를 듣고, 이전의 수치를 죽음으로 씻기 위해 힘써 싸워 공(公)과 상(賞)을 받았다.

그러나 부모에게 용납되지 못한 것을 한스럽게 여겨 벼슬을

하지 않고 세상을 마쳤다. [참고 자료: 김호상의 문화유산둘러보기]

## 전 세계 가장 나이 많은 육군 사령관

지장이요 덕장인 김유신은 660년 무열왕 때인 장군의 나이 66세에 백제를 멸망시키고 8년 후인 문무왕 때인 668년, 장군의 나이 74세에 고구려를 멸망시켜 큰 공을 세우고 나라를 통일하였다.

김유신 장군은 595년에 태어나 668년 통일의 꿈을 이루고 5년 후인 673년 7월 79세를 일기로 돌아가셨다. 전투에서 한반도 폐한 적이 없고 세계 어느 나라에 78세의 현역 육군 참모총장이 있었으며 통일 후 신라를 차지하려고 흑심을 품은 당나라까지 물리쳤으니 세계 역사상 당과의 전투에서 승리한 유일한 장군이다.

얼마나 유명하였으면 150년이 지난 후 흥덕왕은 김유신 장군을 왕이 아니면서 흥무대왕으로 추종하였으랴!

**토막상식**

**고구려의 멸망**

고구려는 오래 묵은 내부 지배구조에 따른 체제의 경직성과 수나라를 크게 물리친 데서 비롯된 자만심, 당나라 국력에 관한 판단 착오와 형제간의 내분 그리고 신라의 국력을 가볍게 봄으로써 결국 멸망을 맞았다.

# 두 화랑이 맹세한 돌, 임신서기석

진흥왕 때 화랑제도를 도입해 청년들을
나라의 기둥으로 길렀다. 임신서기석은
신라 시대 두 명의 화랑이 불타는 애국
심과 나라에 대한 충성을 맹세하는 내
용을 새긴 작은 돌이다. 1934년 경주 현
곡면 금장리 석장사지 부근에서 발견되
어 보물 제1411호로 지정되어 국립경주
박물관에 전시되고 있다. '임신년'이라

임심서기석

는 시기를 비롯해 74자가 새겨져 있다. 당시 청소년들의 강한 나
라 사랑과 유교 도덕 실천 사상을 엿볼 수 있는 자연석을 다듬어
마음의 다짐을 돌에 새긴 귀중한 자료다.

비문 내용은 다음과 같다.

첫째, 임신년 6월 16일 두 사람이 함께 하늘 앞에 맹세한다.

둘째, 지금부터 3년 뒤에는 충성의 도(忠道)를 굳게 지켜 잘못
이 없기를 맹세한다.

셋째, 만약 이 서약에 어긋남이 있으면 하늘로부터 큰 벌을 받
을 것을 다짐한다.

넷째, 만약에 나라가 편안치 못하고 크게 어지러워진다면 나
라를 위해 충성을 다할 것을 맹세한다.

다섯째, 앞서 신미년 7월 22일에 크게 다짐한 바 있는 시경,
상서, 예기, 좌전을 3년 동안 모두 익힐 것을 맹세한다.

당시 화랑들이 새로운 학문을 습득하려는 의욕이 엿보인다.

〈삼국사기〉 열전에 의하면 사다함은 친구 화랑 무관량이 병으로 죽자 생시에 그와 맹세한 나라를 위해 한날한시에 죽겠다는 친구와의 약속을 지키고자 식음을 전폐하고 슬피 울며 통곡하다 7일 만에 17세의 나이로 죽었다.

당시 화랑들의 정신세계를 알 수 있을 것 같다. 평소 화랑들의 나라 사랑 마음을 돌에 새겨 맹세했으니 어찌 신라가 삼국통일을 하지 않을 수 있었으랴!

조선 시대까지도 화랑정신이 계승되어 향교나 서원은 주위 경관이나 환경이 빼어난 곳에 세워 우의를 다지고 학문보다 정신수양을 우선했다.

### 준정과 남모 공주

신라 화랑제도는 진흥왕 때부터 시작되었다. 그러나 화랑제도 이전에 왕의 후궁이나 공주들이 많은 낭도를 거느렸는데 이것이 발전하여 원화 제도가 되었다. 원화는 반드시 왕이 지명했고 원화의 신분은 왕실 여자였다. 이름처럼 꽃보다 아름다운 공주들과 귀족의 따님들이었다. 원화 제도가 생긴 이후 초대 원화로 지명된 사람은 준정이었다.

하지만 진흥왕의 어머니 지소태후는 준정을 별로 좋아하지 않았다. 지소태후는 법흥왕과 백제 동성왕의 딸 보과부인 부여씨 사이에서 태어난 남모 공주를 총애하여 원화로 삼으려고 하였다. 이 사실을 안 준정은 질투심에 사로잡혀 어느 날 밤 독한 술을 가지고 남모 공주 방을 찾아가 이런저런 좋은 이야기를 하면서 술을 먹여 취해서 몸을 가눌 수 없는 남모를 강가로 끌고 가 빠뜨려 죽였다.

그러나 이 소문은 남모를 따르던 낭도들에 의해 궁궐에 퍼져 알려지고 말았다. 이 사실을 안 진흥왕과 지소태후는 노발대발하여 준정을 처벌하고 원화 제도를 폐지하고 남자 낭도들의 모임인 화랑제도로 바뀌었다.

그리고 초대 풍월주는 소지왕의 후궁이었고 나중에 또 법흥왕의 후궁이 된 벽화의 남동생 위 화랑이 1대 풍월주가 되었다. 이때부터 풍월주를 화랑으로 부르게 되었다. 〈화랑세기〉

## 지고지순한 세계 왕들의 러브 스토리

• 노 임금 소지왕이 반한 벽화

21대 소지왕은 21년 9개월 동안 왕위에 계셨다.

70에 가까운 소지왕은 고구려 국경 순찰을 자주 다녔다고 한다.

500년 9월경 소지왕은 몸소 날이 군(지금의 영주 근방)에 행차하였다.

날이 저물어 파로라는 호족 집에서 하룻밤을 머물기로 했다.

파로는 왕이 자신의 집에 머무는 것을 절호의 기회로 삼았다.

15세 딸 벽화를 꽃단장시켜 가마에 태워 임금님께 바쳤다. 소지왕은 귀한 음식을 대령한 줄 알고 가마를 열어봤더니 뜻밖에도 예쁜 소녀가 타고 있었다. 소지왕은 뜻밖의 일이라 놀랐지만 아름다운 소녀 미모에 한 번 더 놀랐다. 그러나 왕은 체면상 물리쳤다.

궁궐로 돌아온 소지왕은 눈만 감으면 그때 본 벽화가 자꾸 눈앞에 아롱거렸다.

소지왕은 벽화를 다시 만나보기로 마음먹고 흰 수염을 휘날리며 일반 백성처럼 변장하고 벽화를 만나러 떠났다. 다시 만나 본 벽화는 눈부시게 아름다워 노 임금의 마음을 빼앗았다.

그날 이후 소지왕은 벽화를 만나기 위해 변장을 하고 자주 왕래했다.

한번은 벽화를 만나고 돌아오는 길, 해가 저물어 고타 지방(지금의 선산 근방) 주막에서 하룻밤을 묵었다.

저녁을 먹고 난 후 주막 할멈께 물었다.

"백성들은 임금을 성군이라고 칭찬이 자자하다고 들었소만 할멈은 어떻게 생각하는지요?"

할멈에게서 돌아온 대답은 소지왕의 기대와는 달랐다.

"사람들은 우리 임금을 성군이라고 칭찬하는데 난 아니라고 생각합니다."

의외의 대답을 들은 왕은 속으로 놀라 그 이유를 물었더니 "어찌 왕이라는 사람이 어린 소녀를 만나러 혼자 다닌단 말입니까? 이는 용이 미꾸라지가 되어 어부에게 잡히는 꼴밖에 더 되겠습니까?"라고 걱정했다.

속으로 깜짝 놀란 소지왕은 다시는 안 가기로 마음을 단단히 먹었다.

그러나 이미 벽화에게 정을 준 소지왕은 참을 수가 없어 마지막으로 가서 벽화를 마차에 태워 데리고 와서 궁궐 가장 깊숙한 방에 숨겨놓고 사랑했다는 이야기가 전해진다.

소지왕은 벽화를 만난 지 두 달 만에 돌아가시고 벽화는 소지왕의 유복자를 낳았다. 〈삼국유사 소지왕 편〉

벽화는 얼마나 아름다웠는지 소지왕 다음 지증왕, 그다음 왕인 법흥왕의 후궁이 된다.

그녀는 또 미랑의 부인이 되어 아들 구리지를 낳았다. 구리지의 아들은 화랑 5세 풍월주 사다함이다. 벽화 남동생 위화랑은 누나 덕분에 출세하여 화랑의 우두머리 인 1대 풍월주가 된다. '화랑'이라는 이름이 탄생한 것이다. 〈화랑세기〉

• 거인 지증왕 왕비 구하기

소지왕은 자식이 없이 돌아가셔서 6촌 아우에게 왕위를 물려주었는데 그가 22대 지증왕이다. 지증왕은 예순이 넘어 왕위를 물려받았는데 그때까지 결혼하지 못 했다.

삼국유사에 의하면 거인 지증왕의 성기가 한자 다섯 치로 결혼 상대가 없었다.

왕이 된 후 왕비를 구하기 위해 백방으로 노력하였으나 거인 왕비를 구하기가 어 려웠다.

하루는 왕비를 구하려 모량 부를 지니다 동로수 나무 아래 상상을 초월하는 큰 변 (똥)을 발견하고 누가 누었는지 물었더니 "방금 마을 제상 따님이 빨래하다 숨어서 눈 똥이외다." 하여 찾아가 만나보니 키가 일곱 자 다섯 치나 되는 엄청난 거인 여 인이었다. 소식을 들은 지증왕은 기뻐하며 수레를 보내 혼인을 청하여 궁궐로 맞 아드렸는데 그가 법흥왕의 어머니인 지증왕의 왕비 연제 부인이다. 〈삼국유사〉

• 죽어서도 절세미인 도화녀를 사랑한 진지왕

24대 진지왕은 진흥왕 후비 숙명 궁주 박 씨 소생이다.

진흥왕의 아들 동륜이 왕위 계승 태자였으나 대단한 카사노바였던 동륜은 아버지 가 제일 사랑한 미실을 좋아했다. 미실은 동륜이 부담스러워 다른 여인을 소개하였으나 마음에 차지 않았는지 별로 관심이 없고 여 탐은 계속되어 아버지 진흥왕의 또 다른 색 공녀인 보명을 좋아했다. 보명은 동륜을 은근히 모른 척 받아들였나 보다. 아버지 진흥왕은 누군가 보명궁을 들락거리는 낌새를 알아차리고 572년 3월 어느 날 사나운 개를 보명궁에 풀어 놓았다. 그 사실을 모르는 동륜은 밤중에 보명궁 담을 넘다 개에게 물려 죽는 사고가 발생했다. 태자가 죽자 진흥왕은 왕위를 우여곡절 끝에 후궁인 숙명 궁주 박씨의 아들 사륜에게 물려주는데 그가 진지왕이다. 그러나 실권은 배다른 어머니 사도태후와 미실이 장악했고 진지왕은 허수아비일 뿐이었다. 별 할 일이 없는 진지왕은 순간의 고통을 잊고 짧은 쾌감, 긴 허무의 무분별한 색을 즐길 수밖에 없었나 보다. 그는 한번은 사량부 민가에 도화녀라는 복사꽃보다 예쁜 여인이 있다는 소문을 듣고 궁궐로 불러들여 관계를 원했으나 도화녀는 남편이 있는 몸이라며 왕이 죽이겠다고 해도 거절한다.

그럼 남편이 죽고 없으면 되겠느냐 하니 고개를 끄덕였다. 진지왕은 결국 그해에 재위 3년 만에 폐위당해 스트레스로 죽고 도화녀 남편 역시 그해 죽었다. 어느 날 밤 죽은 진지왕이 생시와 같이 도화녀 방에 나타나 물었다. "지난번에 약속한 것 같이 이제 남편이 없으니 되겠는가?"

망설이던 도화녀는 죽은 임금님의 혼령이지만 어찌 거부하랴! 부모님의 허락을 받고 왕을 맞아들여 혼령은 7일간이나 머물다 떠난다. 혼령이 머무는 동안 오색 구름이 집 주위를 감싸고 방에는 향기가 가득했다. 죽어서도 생사를 초월한 사랑이었다.

도화녀는 10개월 후 사내아기를 낳는데 귀신과의 사이에서 태어난 아기 이름을 비형(鼻荊)이라 짓고 어릴 때부터 특이했다. 진평왕은 소식을 듣고 사촌지간인 비형을 궁궐로 불러 키우다 15세가 되자 집사 벼슬을 주었다. 그러나 궁궐 내 이상한 소문이 퍼졌다. 비형이 밤마다 자시(子時)가 지나면 궁궐 담을 넘어 어디론가 사라졌다. 하루는 진평왕이 몰래 군사를 따르게 했는데 서쪽 황천 언덕에서 온갖 귀신들과 놀다 새벽에 절의 종소리를 듣고야 궁궐로 돌아왔다. 진평왕은 비형을 불러 사실을 확인하고 귀신들을 동원하여 신원사 북쪽에 다리를 놓을 수 있냐고 물었다.

귀신들을 마음대로 부리는 비형은 귀신들을 동원하여 하룻밤 사이에 다리를 놓았다. 그래서 그 다리 이름도 귀신이 놓은 다리라고 귀교라 불렀다. 진지왕이 귀신들의 능력을 인정하고 그중에 똑똑한 귀신 길달을 천거 받아 집사 벼슬을 주었으나 인간 세상에 적응하지 못한 길달은 여우로 둔갑하여 도망가다 붙잡혀 죽었다. 오릉 가기 전 남천 어딘가 귀교가 있었다고 삼국유사에 기록이 남아 있다. 진지왕이 폐위되고 다음 왕위를 이어받은 분이 동륜의 아들이요 선덕여왕의 아버지인 진평왕이다. 〈삼국유사〉

• 김유신이 기획한 무열왕의 러브스토리
무열왕은 세 명의 부인에게서 많은 자식을 얻었다.
첫째 부인 보량은 신라 유명한 미녀 프리마돈나 미실의 손녀이다. 보량과 김춘추는 몹시 정이 좋았으나 첫딸 고타소를 낳고 둘째 아이를 낳다가 산고로 돌아가셨다.
둘째 부인은 김유신의 둘째 여동생 문희, 셋째 부인은 문희의 언니 보희다.
보희가 하루는 서라벌 장안이 오줌 바다가 되는 소변 꿈을 이야기하자 동생 문희가 길몽으로 생각하고 비단 치마를 주고 언니의 꿈을 사서 왕비가 된 꿈 이야기가 유명하다.
어느 날 김유신 장군은 집 앞에서 김춘추와 같이 축국 놀이를 하다가 고의로 김춘추 옷고름을 밟아 떨어트렸다. 김유신은 같이 집으로 가서 여동생 보희에게 옷고름을 달게 하였으나 쑥스러워 거절하자 동생 문희는 얼른 언니가 거절한 유부남인 김춘추의 떨어진 옷고름을 달아준 것을 계기로 밀회하여 혼전 임신으로 가문을 욕되게 했다고 오빠 김유신이 화형에 처하려는 위기를 선덕여왕의 배려로 면하고 나중에 왕비가 되었다. 언니의 꿈을 사서 목숨을 걸고 베팅하여 자손에게 왕위배당을 한 문희의 모험 정신이 왕비가 될 줄이야! 역사는 남성들의 사적만을 기록했지만, 그 배경에는 문희의 활약이 있었다. 무열왕부터 혜공왕까지 연달아 8명의 왕을 배출하고 신라 전성기를 누렸다. 보희는 동생에게 판 꿈이 너무나도 애석해서일까? 나중에 동생 문희 아래 셋째 부인이 된다.
김유신도 연달아 8명의 외손들이 왕권을 누렸으니 엄청난 투자요 모험이었다.

※ history는 his story, 즉 역사는 남자들의 이야기이다.

연리지 소나무

신도

흥덕왕릉

흥덕왕릉 석상들

- 흥덕왕의 왕비 사랑

42대 흥덕왕은 즉위한 지 두 달 만에 왕비 장화 부인이 아기를 낳다 돌아가셨다.
부인을 너무나 사랑한 흥덕왕은 식음을 전폐하고 슬픔에 젖어 지냈다.
신하들이 새로운 왕비를 맞이할 것을 요청했지만 한사코 거부했다.
외로운 왕을 위해 신하들이 앵무새 한 쌍을 침실에 걸어 두었는데 공교롭게도 암
놈이 죽어버려 남은 수놈이 재잘거리며 슬퍼하는 모습을 보고 '미물도 짝을 잃고

저렇게 슬퍼하는데 내 어찌 새로운 왕비를 맞이한단 말인가?' 하고 거부하고 궁녀들도 멀리했다. 재위 6년에는 아들이 당나라 사신으로 갔다 돌아오는 길에 풍랑을 만나 죽고 말았다. 아내에 이어 아들까지 잃고 절망의 세월을 보내다 왕 노릇도 제대로 하지 못하다 재위 11년 만에 돌아가셨다.

그는 자리에 누워 죽기 전 유언을 남겼다.

"내가 죽으면 내 무덤을 따로 만들지 말고 장화 부인 무덤에 나를 합장해 주시오." 하고 눈을 감았다.〈삼국유사〉

안강읍에 있는 흥덕왕릉에는 아름다운 석물들이 그대로 남아있고 능 앞에는 소나무들이 울창하다.

소나무 숲 가운데 신도를 따라 중간 지점쯤에는 두 그루 소나무가 서로 꼬여 안고 흥덕왕의 부인 사랑을 상징이라도 하듯 연리지가 되어 있다.

흥덕왕 2년인 828년 12월 사신 대렴이 당으로부터 차나무 종자를 가져와 지리산에 심어 재배되기 시작했다.

• 사랑하는 노국공주와 합장한 공민왕

공민왕은 불모로 원의 연경에 간 것은 12살 때였다. 이후 약 10년을 연경에서 살았다. 21세 때 원 위왕(魏王)의 딸 보타시리(寶塔實理, 노국대장공주)와 정략 혼인하면서 왕위 계승의 유리한 위치를 차지하고 왕이 되었다. 그러나 사랑하는 노국공주가 아기를 낳다 돌아가시자 그녀를 잊지 못한 공민왕은 왕비의 초상화를 벽에 걸고 밤낮으로 바라보면서 울뿐 신돈에게 정사를 맡긴 채 나라를 제대로 돌보지 않고 방황하다 반대파에 비참하게 살해당했다.

공민왕릉

현존하는 가장 아름다운 왕릉이라는 공민왕릉이다. 공민왕과 노국대장공주와의 사랑은 700년을 건너뛰어 오늘날 우리들의 마음을 짠하게 한다. 개성 근교에 자리 잡은 공민 왕릉은 고려왕릉 가운데 유일한 부부 쌍릉이다. 죽어서도 함께 한 이들의 사랑이 오늘날까지 전해진다.

• 너무나 사랑한 아내를 위해 세운 무덤 궁궐, 인도 타지마할

인도 무굴제국 샤자한 왕은 아내를 몇 번 맞이했으나 정략결혼으로 정이 없었다. 16세 때 궁궐 밖에서 14세의 뭄타즈 마할을 만나 결국 부인으로 맞이한다. 그러나 17년 동안 사랑한 뭄타즈 마할 왕비가 14번째 아기를 낳다 전쟁터에서 돌아가셨다.

너무나 왕비를 사랑했던 샤자한 왕은 엄청난 국고를 들여 왕비를 위한 무덤을 만든다.

그러나 엄청난 국고를 탕진했다는 이유로 아들에게 폐위당해 강 건너 감옥에 갇혀 7년 동안 부인의 무덤 타지마할을 바라보며 지내다 쓸쓸히 돌아가셨다.

세계 유네스코 문화유산에 등록된 아름다운 무덤 궁궐 타지마할에 얽힌 이야기다. 이들의 공통점은 사랑하는 왕비가 모두 아기를 낳다 먼저 돌아가셨다.

인도 타지마할

• 홍도야 울지 말라 오빠가 있다.

일제강점기 민족의 울분을 달래주던 대중가요의 홍도가 조선 시대 동도명기(東都名妓)인 홍도가 경주출생의 실존 인물이다. 그의 무덤이 도지동 형제산 기슭에 자

리 잡고 있다가 그 자리에 아파트가 세워지면서 무연고 묘로 분리되어 납골당에 안장되었다.

2005년까지만 하더라도 도지동에 있던 그의 커다란 봉분이 아름다운 소나무들로 둘러싸여 있었고, 무덤 앞에는 화강암으로 된 동도명기홍도지묘(東都名技紅桃之墓)라고 쓴 조그마한 비석이 있었다.

비문에 따르면, 그의 성명은 최계옥(崔桂玉, 1778~1822), 자는 초산월(楚山月)이다. 아버지는 향리 출신으로 가선대부에 오른 최 명동, 어머니는 경주의 세습 기생이었다고 한다. 정조 2년(1778)에 태어난 그녀는 나이 겨우 10세에 시(詩)와 글쓰기에 통달하고 14세에 얼굴과 재주가 모두 뛰어나 20세에 경주부윤의 추천으로 상의원으로 선발되어 노래와 춤으로 장안에서 소문이 나고 이름이 온 나라에 알려졌다고 한다.

정조의 장인 박상공(朴相公)이 그를 좋아하여 첩으로 삼자, 정조가 그에게 '홍도(紅桃)'라는 별호를 내려서 홍도라 불렀다. 홍도는 박상공과 10년간 생활하면서 고적한 심사로 시를 읊었고, 상공이 죽은 뒤 3년 상을 치르고 경주로 돌아와 후진 양성에 온 힘을 썼다. 기구한 운명에 홍도가 병을 얻자 자신의 모든 재산을 친척들에게 나눠주라는 유서를 남기고 순조 22년(1822)에 45세에 죽었다. 후손이 없던 홍도 묘는 2005년 아파트 공사로 공원묘지 봉안당에 이장되었으나 10년이 지나 그마저도 없어지고 말았다.

그 당시 계곡에 폐기하였다는 묘비는 끝내 찾을 수가 없어 안타깝다.

## 토막상식

### 신라왕 56명의 왕비는 몇 명일까?

왕비와 후비 합쳐서 97명(선덕여왕, 왕비 기록이 없는 왕 또 여러 명이라고 기록한 왕은 1명으로 계산)이다. 실제로는 기록에 남지 않은 여인들이 있으니 더 많을 수도 있다. 자녀는 총 115명이고, 신라왕의 평균 수명은 45.6세이다.

# 오릉,
# 박혁거세와 알영부인이 묻혔을까?

오릉

오릉, 다섯 개의 무덤에는 첫 번째 임금이신 박혁거세, 그리고 그 왕비인 알영부인, 2대 남해차차웅, 3대 유리 이사금왕, 5대 파사이사금의 무덤이라 전해 내려오지만 정확하게 주인공을 알 수 없는 초기 흙무덤이다.

시조왕 박혁거세의 탄생은 난생설화다. 신라 56 임금님 가운데 왕위에 가장 오래 계셨다 고 한다. 삼국유사 기록에는 십 육 세에 임금 이 되어 무려 61년 동안이나 임금님 자리에 게시다 74 세에 돌아가셨다고 한다. 알영 왕 비도 같은 날 돌아가셨다고 전해진다.

# 이상한 전설

임금님이 돌아가시자 그 시신이 갑자기 하늘로 올라 가 버렸다
고 한다.

장례식을 준비하던 신하들은 어쩔 줄 몰라 하며 며칠이 지났
는데 신기하게도 7일 만에 도로 땅으로 떨어졌다. 그런데 임금
님의 시신이 심하게 훼손되어 떨어졌다고 한다. 시신을 한곳에
모아 장례를 지내려는데 갑자기 어디서 큰 뱀이 나타나 시신을
한곳으로 모을 수 없게 방해를 하여서 하는 수 없이 시신이 떨어
진 장소마다 다섯 개의 무덤을 만들었다는 전설이 전해 내려온
다. 〈삼국유사〉

역사기록을 보면 왕이나 우두머리를 용이나 큰 뱀으로 묘사
된다. 그래서 오릉을 뱀이 방해한 무덤이라고 '사릉'이라고도
부른다.

그러나 이 전설을 풀어보면, 박혁거세 임금님이 재위 61년 만
에 반대하는 세력이 궁궐을 쳐들어와서 난장판을 만들고 임금님
과 왕비를 어디론가 끌고 가서 비참하게 시신을 훼손하여 죽인
것으로 생각할 수가 있다. 그래서 여러 날이 지난 후 시신을 찾
았다고 볼 수가 있지 않을까?

그리고 뱀이 방해를 하였다는 것은 혁명군의 우두머리를 큰
뱀으로 묘사한 것이다.

# 계룡 옆구리에서 태어난 알영

박혁거세가 태어나던 날, 한 할머니가 알영이란 우물가에 있는데 갑자기 하늘에서 머리는 닭이요 몸은 용의 형상을 한 계룡 한마리가 우물가에 내려와 용트림하더니 옆구리로 예쁜 여자아기를 낳고 날아가 버렸다.

예쁜 여자아기는 입이 닭 부리같이 뾰족하였다. 할머니는 아기를 안고 알천 냇가로 가서 맑은 시냇물에 목욕을 시켰더니 뾰족한 부리가 떨어졌단다.

알영은 총명하고 예쁘게 고이자라 박혁거세 왕비가 되었다. 〈삼국유사〉

오릉 왼편에 그때의 우물이라 전하는 알영정이 있다. 신라 시대 우물이다.

비석은 신라 최초의 왕비가 태어난 우물을 기리기 위해 1931년에 세운 것이다.

---

### 죽은 사람을 살리는 신기한 금자

어느 날 하늘에 옥황상제께서 박혁거세 임금님께 선물을 내리셨다.
아주 신기한 금자였다. 마디가 다섯이요, 머리에는 신기한 구슬이 달려 있었다.
그 구슬은 불 가까이 가면 환한 빛을 발하였다고 한다.
더 신기한 것은 그자로 병들어 아픈 사람의 키를 재면 다 나아 버리고,
죽어가는 사람을 재면 다시 살아났다고 한다.
신라에는 그자(尺)로 말미암아 죽는 사람이 없어 백성은 날로 불어나 나라 힘이 왕성해졌다. 이 소문을 들은 멀리 한나라 임금님은 욕심이 생겨 사신을 보내 빌려달라고 한다는 소문을 듣고 고심 끝에 여러 개의 가짜 무덤을 만들고 그중 한 무덤에

---

묻어버려 찾을 수 없어 빈손으로 돌아갔다는 전설이 전하는데 지금도 대구 방향 국도변 금척이라는 곳에 여러 개의 무덤이 있다. 지금도 마을 이름이 금척(金尺)이며 많은 무덤이 있다. 〈삼국유사〉

금척리 고분군

# 포석정은 성스러운 장소

포석정 만추

포석정 뒤 남산의 원래 이름은 금오산(金鰲山)이다. 황금 자라 모습의 산이란 뜻이다.

우리나라 최초의 한문 소설이 김시습이 쓴 『금오신화』이다. 김시습이 7년 동안 이곳 금오산 용장사에 은둔해 있으면서 쓴 소설 제목이 이 산 이름을 따서 '금오신화'라고 붙여진 것이다.

포석정은 단순히 연회를 배풀고 술을 마시던 장소가 아니라 나라의 중요한 제사를 올리던 성스러운 장소이다. 신라 55대 경애왕이 이곳에서 궁녀들과 술을 마시며 즐기다 후백제 견훤의 습격을 받아 자결하고 신라가 멸망의 길로 갔다는 곳으로 알려져 있다. 그러나 1996년, '포석'이라 새겨진 명문 기와 조각이 발견되었다. 군신들이 모여 나라의 중요한 일을 의논하던 정자도 있었겠지만, 역대 임금님과 조상들의 위패를 모시고 남산 신과 조상신에게 제사를 지내는 사당이 있었던 신성한 장소였다.

제사를 올리기 전 몸과 마음을 깨끗이 하기 위해 계곡에는 그때 맑은 계곡물에 몸을 닦던 네모 난 웅덩이가 아직도 남아 있다.

49대 헌강왕 때 남산 신이 나타나 춤을 추었다는 삼국유사 기록은 신이 나타나는 성스러운 장소라는 의미이다. 즉 왕이 제사 의식을 통해 신과의 교류가 이루어지는 곳이란 의미를 지닌다. 그 후로 임금님이 신하들에게 추어 보인 그 춤을 '어무상심무'라 불렀다고 한다.

포석정에 잔을 띄우면 잔이 머무는 곳이 12군데라고 한다. 남산 신에게 제사를 올리고 난 후 임금님과 11명의 군신은 음식과 술을 이곳에서 풍류를 즐기며 나누어 마셨던 장소이었다. 지금

보다 훨씬 넓은 규모였을 것으로 추정된다.

화강암에 과학적으로 전복껍질 모양 유상곡수를 조각 한 조상의 슬기에 감탄을 금할 수 없다.

원래는 입수구에 멋있는 거북 모양의 조각이 있어 거북의 입으로 물이 흘러나왔다고 하는데 조선 시대 경주에 부임한 어느 부윤이 조상 무덤이 있는 안동으로 가져갔다 하나 아직 찾지 못하고 있다. 포석정 위 산속에는 물을 공급했다는 배상지가 아직도 남아 있다.


## 경애왕의 자결

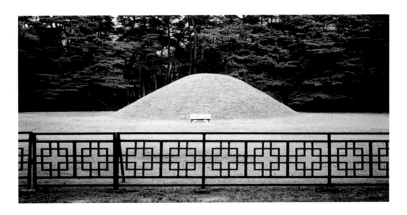

경애왕릉

경애왕이 포석정에 온 시기가 927년 음력 11월 말, 그러니까 양력으로 12월 말, 물이 흐르지 않는 추운 겨울에 월지를 두고 왜 이곳에서 연회를 즐겼을까?

통일신라가 말기로 가며 점점 쇠퇴하여 진성여왕 때 다시 세 나라로 나누어져 후삼국 시대가 되었다. 신라 말 견훤이 왕건에 게 호의적인 신라를 침입하여 영천에 진을 친다는 소식을 들은 경애왕은(왕 4년 927년) 고려 태조 왕건에게 급히 원군을 요청하 고 궁궐에서 애타게 원군을 기다리다 초조한 나머지 군신들과 같이 안전한 남산성으로 피신을 하러 가던 길에 이곳 포석사로 오서서 조상과 남산신에게 제발 나라를 지켜 달라고 그야말로 간절한 제를 올리고 있었다.

제사도 끝나기 전 견훤의 습격을 받아 군신들은 모두 살해되 고 왕비는 겁탈 당하고 경애왕은 차라리 스스로 목숨을 끊었다 고 한다. 그 난리 통에 경애왕의 시신은 몇 날 며칠 방치되다시 피 하다 겨우 정신을 차리고 장례를 지냈다.

경순왕은 경애왕의 시신을 마루에 눕혀놓고 통곡을 했다고 한다.

견훤의 침공으로 난장판이 된 서라벌, 그래서일까? 임금님 무 덤으로는 가장 작고 초라한 모습이 왠지 쓸쓸하고 눈물겹기만 하다.

## 자결한 아름다운 신라 무용수 죽라

포석사에서 불시에 견훤의 침공을 받은 임금님과 군신들은 포악

한 견훤 군사들에게 모두 죽임을 당하여 그야말로 포석정은 비명과 아비규환 피바다였을 때 신라 무용수 '죽라'는 요행히도 그 장소를 탈출하여 정신없이 들판을 가로질러 도망을 쳤다.

한참을 달리다 뒤돌아보니 포석사는 비명과 칼부림으로 난장판이었다.

"아! 이 나라는 오늘로써 마지막이로구나! 임금님도 붙잡혀 돌아가시겠지."

죽라는 정신없이 달려 물이 굽이도는 강가에 다다라 몸을 던져 자결하였다.

그때 죽라가 몸을 던진 강물이 굽이도는 그곳을 경주 사람들은 아직도 '죽라 소'라 부르고, 가로질러 달려갔던 들판도 '죽라들', 강물을 막은 보를 '죽라 보'라고 부른다.

---

**토막상식**

**안심과 반야월의 유래**

후백제 견훤은 서라벌 왕경을 쑥대밭으로 만들고 돌아가는 길, 영천 은해사 근처에서 고려 원군과 마주쳐 치열한 전투가 벌어졌다. 급히 5천 기마병만 출전했던 고려군이 밀려 허겁지겁 후퇴하다 해가 저물어 야영하기 전 파수병을 보내 후백제군이 보이지 않음을 확인한 태조 왕건이 "후유~" 하며 안심하고 야영을 했던 그 마을이름을 지금도 '안심'이라 부르고, 그다음 날 야영한 곳에서는 밤하늘을 쳐다보니마침 하늘에 반달이 떠 있어 역시 그곳을 지금도 '반야월'이라고 부른다.

경주에서 국도를 따라 대구로 가다 보면 안심, 반야월, 동촌, 대구로 이어진다. 후퇴하던 고려 태조 왕건은 팔공산 아래에서 견훤 군에게 완전히 포위되어 죽을 위기를 당하나 부하 장수 신숭겸이 자기 옷과 얼른 바꿔 입혀 위기에서 탈출하여 간신히 살아났다. 지금도 팔공산 아래 그때 포위되어 몰살 위기에 처한 고려 왕건을 구한 장군 신숭겸을 기리기 위해 제를 올리는 사당이 있다. 그때 왕건이 죽었다면역사는 바뀌었으리라.

# 시조 왕의 탄생지, 나정

2002년 발굴 이전 비각 모습

　서남산 자락, 기원전 70년 시조왕 박혁거세가 태어났다는 전설이 전해 내려오는 곳이다.

　조선 순조(1802)때 세운 박혁거세 탄강비와 비각이 있었으나 2002년부터 2005년까지 발굴조사를 위해 철거한 상태이다.

　발굴조사 결과 팔각 건물지와 부속 건물지와 우물의 흔적이 있고 우물 주위로 담장, 명문 기와등이 확인되어 역사적 사실을 뒷받침해주고 있다. 나정 옆 양산재는 신라 건국의 모체가 된 육부 촌장들의 위패를 모신 곳이다.

# 언제나 미소 짓는 부처, 배리 삼존불

배리 삼존불

미소 띤 얼굴 가운데 여래입상

삼불사가 있는 이 계곡을 냉골이라 하고 동네를 배리(徘理)라
한다.

배리(徘理) 즉 절을 많이 하는 동네란 뜻이다.

전설에 의하면, 옛날 신라 때 이 마을에 유렴이라는 재상이 살
았는데 부모님 제삿날에 사람을 시켜 덕이 높은 훌륭한 스님을
모셨는데 문간으로 들어서는 스님의 모습이 너무 초라하여 화를
내며 문밖으로 쫓아 버렸다고 한다. 스님께서는 도포 소맷자락
에서 무엇을 꺼내 변신한 사자를 타고 사라 산으로 사라졌는데
그 모습을 본 재상이 그제야 스님이 대단한 분임을 깨닫고 가시
는 스님 엉덩이를 향해 스님이 사라질 때까지 끝없이 절을 하였
다고 한다

그 이후로 이 동네를 절배(拜)자를 써서 '절을 많이 하는 동네'
라고 해서 '배리'라고 부른다.

이곳 삼존불은 위쪽 계곡에 파묻혀 있던 것을 1923년 일본인들이 이곳으로 옮겨다 모셨다. 그러니까 원래 그 자리에 있었던 모습이 아니다.

모두 입상인데 가운데 여래입상은 우리 인간의 사후 극락세계를 다스리는 아미타여래로 본다.

왼쪽에는 사랑의 화신인 관세음보살이다, 마음속에 소원을 품고 정성으로 관세음보살 부처님을 부르면 그 소원을 들어 해결해 주신다는 부처님이다. 항상 왼손에는 목마른 사람에게 물을 주듯이 괴로운 사람들을 구하겠다는 약속으로 정병을 들고 계신다. 오른쪽에는 대세지보살님이 협시하고 계신다.

협시보살이란 아래로는 중생을 지도하 고 위로는 부처님 말씀을 따르는 아직 부처님이 되지 못한 분이 보살이다. 부처님을 도우시는 비서라고 보면 된다.

몸체에 비해 크고 풍만한 얼굴 모습 그리고 두툼한 입술, 두꺼운 옷맵시 등으로 보아 7세기 중엽, 신라 통일 이전 삼국시대의 불상으로 아마도 남산에 남아 있는 백 열아홉 분의 부처님 가운데 가장 나이가 많은 부처님이다. 새 불상의 특징은 천진한 모습으로 언제 찾아와도 편안하게 미소를 머금고 계신다. 아침 동쪽에서 해가 떠 서산으로 해가 질 때까지 그 변하는 그림자로 인하여 웃는 모습이 시시각각 변했다고 한다. 문화제 보존을 위해 지붕을 한 이후로는 지붕이 해를 가려 그늘 따라 변하는 웃는 모습을 볼 수가 없어져 모두 안타까워한다.

# 삼릉

삼릉

서남산 자락에는 시조왕 박혁거세 왕릉으로부터 55대 경애왕에 이르기까지 박 씨 왕릉으로 전하는 10기가 있다. 삼릉, 세 개의 큰 무덤은 신라 8대 아달라왕, 53대 신덕왕 그리고 54대 경명왕의 무덤이다. 그러나 8대 아달라왕과 54대 신덕왕과 740여 년의 시기 차이로 미루어 그 신빙성은 없다. 원형 봉토분이며 봉분 호석 둘레에 큰 받침석을 기대어 놓은 29대 무열왕의 무덤과 같은 양식이었는데 파괴되어 하단에 몇 개의 받침만 보인다.

가운데 53대 신덕왕 능은 1935년과 1963년 두 차례에 걸쳐 도굴되어 다시 조사 되었는데 석실분으로 밝혀져 신라 통일 전후의 무덤으로 추정한다. 유물은 이미 도굴되어 발견되지 않아 안타깝다. 그리고 오른쪽으로 100여m 아래, 비운에 가신 55대 경애왕릉이 있다.

# 슬픈 죽음을 맞이한 신라 세 명의 왕

36대 혜공왕도 친삼촌에 의해 비운에 돌아가셨다.

신라 56명의 왕 중에 슬플 애(哀) 자가 들어간 왕 이름이 셋이다. 40대 애장왕, 44대 민애왕, 55대 경애왕이다.

40대 애장왕은 12세에 왕이 되었으나 너무 어려 숙부 언승이 섭정을 하였는데 애장왕이 18세에 정사를 직접 챙기자 위기를 느낀 숙부가 조카 애장왕을 죽이고 왕권을 빼앗아 41대 헌덕왕이 되었다. 44대 민애왕은 43대 희강왕을 몰아내고 왕권을 차지했으나 우징이 장보고 군대의 도움으로 민애왕을 죽이고 왕위를 빼앗은 45대 신무왕이다. 민애왕은 장보고 군대를 피해 궁궐 교외 월유댁으로 도주했으나 결국 붙잡혀 살해당했다. 왕이 된 지 겨우 13개월 만이다.

55대 경애왕은 앞서 서술했듯이 견훤 군의 침입으로 포석사에서 자결하였다. 세분의 임금 모두 슬픈 죽음을 맞아서인지 이름에 슬플 애(哀) 자가 들어간 왕이다.

이렇게 신라가 말기로 가면서 왕권 다툼이 치열하여 조카까지 죽이며 왕권을 찬탈했으니 어찌 신라가 멸망하지 않을 수 있었으랴!


경주 남산에는 신라 시대 절터가 지금까지 많이 남이 있으나 과감하게 줄이고자 한다.

470여m 높이의 남산에는 백 열아홉 분의 신라 시대 부처님과 절터가 많아 시간 여유가 있으면 간단한 먹거리와 물 정도만 휴대하고 등산 겸 탐방해볼 만한 곳이다.

## 골굴사 선무도에 대한 이해

골굴사 마애대불

골굴사는 매스컴에 많이 소개된 선무도가 유명한 사찰이다.

선무도는 몸과 마음과 호흡의 조화로 작게는 심신의 평화로운 안정과 크게는 깨달음을 향한 구도적 수행법이다. 선무도의 조화란 부처님의 중도 사상이며 관법 수행의 핵심인 몸과 마음의 조화는 물론 강함과 부드러움, 움직임과 고요함, 주관과 객관, 너와 나, 나아가 우주와 내가 하나가 되는 도의 합일을 말한다. 그것은 몸을 떠나서 내가 있을 수 없고, 마음을 떠나서 내가 있을 수 없듯이 몸과 마음을 조화롭게 이루어 나갈 때 진정한 진리의 세계로 나가고 자 함이다.

선무도의 모든 동작은 격렬하지 않고 빠르고 느린 동작, 부드럽고 강한 동작 등이 한데 어우러져 하나의 무술적인 체계를 이룬다.

이점은 또 가상의 적을 설정하여 공격과 방어 동작을 엮어놓은 다른 무술과 선무도가 다른 큰 특징으로 꼽을 수 있다. 선무도의 정식 명칭은 '불교 금강 영관'이라고 하며 붓다 출현 이전부터 인도에선 주민들이 수행하던 관법 수련이 그 기초가 된다.

기본신법의 내용으로는 장공, 권공, 회공, 양 발차기 등이며 그 수련 효과로는 현대인들의 갖가지 스트레스와 육체의 불균형을 선무도 수련을 통하여 건강한 몸과 마음을 되찾을 수 있다.

골굴사는 외국인들도 머물며 선무도를 수련하고 일반인도 절 체험(템플 스테이)을 할 수 있다.

# 기림사

일주문

기림사는 불국사의 말사이다. 643년(선덕여왕12) 천축국(天竺國)의 승려 광유(光有)가 창건하여 임정사(林井寺)라 부르던 것을, 뒤에 원효가 중창하여 머물면서 기림사(祇林寺)라 개칭하였다고 한다. 석가모니가 생전에 제자들과 함께 활동하던 승원 중에서 첫손에 꼽히는 것이 죽림정사와 기원정사이다. 특히 기원정사는 깨달음을 얻은 석가모니가 20년 넘게 머무른 곳으로 잘 알려져 있다. 기림사는 그러한 연유에서 붙여진 이름이다.

신라 제31대 신문왕은 대왕암에 다녀오던 길에 이 절의 서쪽 계곡에서 점심을 들었다고 한다.

현존하는 당우로는 전면 5칸, 측면 3칸의 대적광전을 중심에 두고, 왼쪽에 약사전, 오른쪽에 응진전, 앞쪽에 진남루가 사각의 성지를 이루고 있고, 뜰에는 삼층석탑과 새로 조성된 석등이 남아 있다. 조금 떨어져 명부전, 삼성각, 관음전, 산신각, 주지실, 종무소, 요사채, 산문, 창고 등이 있으며, 특히 대방은 2동이 모두 큼직하고 깨끗한 모습이다. 그밖에 김시습의 사당이 있다.

대적광전은 절의 본당으로 내부에는 비로자나삼존불이 봉안되어 있다, 약사전에는 약사삼존 상과 사천왕상, 사라수 왕의 탱화가 봉안되어 있다. 이 탱화는 기림사 창건의 연기 설화를 보여주는 특이한 불화로서 근래 이를 모사하여 다시 그렸다고 한다. 이 밖에도 응진전 안에는 석가모니의 제자이신 오백 나한상이 봉안되어 있다.

대적광전

# 기림사의 유물

문화재로는 보물 제415호로 지정된 건칠보살좌상(乾漆菩薩坐像)
은 1501년에 조성된 관세음보살상인데, 건칠불이란 진흙으로
속을 만들어 삼베를 감고 그 위에 진흙 가루를 발라서 묻힌 다음
속을 빼 버린, 속이 빈 소상이다. 삼층석탑과 목다우니 석조 문

건칠보살좌상

기림사 천수 천안 보살

적 등이 있는데, 이 중에서 석조 치미는 화강암으로 만든 것으로 꽃무늬가 장식되어 있으며, 신라 때의 것으로 추정된다.

## 신기한 다섯 가지 물맛과 장 군수

이 절에는 원래 다섯까지 물맛이 나는 오미정수(五井水)가 유명 하였다고 전해진다. 대적광전 앞에 있는 삼층석탑 옆의 장 군수 (將軍水)는 기개가 커지고 신체가 건장해져 장군을 낸다는 물이 고, 천왕문 안쪽의 오탁수(烏琢水)는 물맛이 하도 좋아 까마귀도 쪼았다는 물이라고 전해진다.

천왕문 밖 절 입구의 명안수(明眼水)는 기골이 장대해지고 눈 이 맑아지며, 후원의 화정수는 마실수록 마음이 편안해지고, 북암의 감로수(甘露水)는 하늘에서 내리는 단 이슬과 같다는 물 이다.

장 군수는 장군의 출현을 두려워한 일본인들이 막아버렸고 명안수도 말라 버렸다고 한다.

그 중 장군수(將軍水)는 마시면 힘이 용솟음친다고 하여 인근 에 널리 알려졌는데, 조선 시대에 어떤 사람이 이곳에서 역적모 의하다가 발각된 뒤 나라에서 샘을 메워 버렸다고 한다.

또한 김시습의 북쪽 영정을 향한 가지에서만 꽃이 피었다는 지북화가 있다. 가을에는 가을 정취를 맘껏 즐길 수 있고 입구에 는 시골 할머니들이 봄에는 직접 채취한 산나물과 자질구레한 농산물을 팔고 계신다.

## 아버지 은혜에 감사하는 절, 감은사지

감은사지 동서탑

통일된 후 신라는 온 나라가 평화롭고 태평성대 했다. 농사는 풍년이요, 세금은 줄어들고, 이제 더는 전쟁에 동원되어 피를 흘릴 일도 없었다. 온 백성들은 나날이 행복했다. 그러나 문무왕은 한 가지 걱정이 남아 있었다.

바다 건너 노략질을 일삼는 왜 구들, 그래서 왕께서는 왜구들이 자주 출몰하는 동해 바닷가에 절을, 세워야겠다고 마음먹었다.

"음, 동해 바닷가 여기다 절을 세워 부처님께 왜구의 침략을 막아 달라고 빌자!"

감은사는 삼국통일의 위업을 이루신 문무왕께서 통일 후 항상 바다 건너 왜구의 노략질을 걱정해서 부처님의 영혼으로 나라를 지키기 위해 세우기 시작 한 절이었으나 생전에 완성을 보지 못하시고 절을 세우기 시작한 지 1년 만에 돌아가시자 31대 신문왕이 아버지 문무왕의 뜻을 이어 완성하시고 원래는 절의 이름도 진국사(鎭國家)였으나 신문왕께서 삼국통일을 이루신 아버지 은혜에 감사한다는 뜻으로 '감은사'라고 이름을 바꿔서 지었다고 전해진다.

## 해룡이 된 아버지가 찾아온 금당

감은사지 금당 터

감은사는 다른 절과 달리 금당 아래 넓은 공간을 두어 용왕이 되신 문무왕이 해류를 타고 출입할 수 있도록 공간을 두었다.

금당의 바닥구조는 H자형의 받침석 위에 돌 마루를 깔고 그 위에 기둥을 세우고 건물을 세웠던 특이한 구조로서, 금당의 전면에서부터 일정한 높이의 공간을 형성하여 동해의 해룡이 된 문무왕을 감은사의 금당에 들어오게 했다는 『삼국유사』의 기록과도 일치하고 있다.

이 절은 황룡사, 사천왕사 등과 함께 사찰로서 명맥을 이어 왔으나, 언제 폐사가 되었는지는 밝혀지지 않고 있다. 이 절터는 1960년과 1979~1980년에 걸친 발굴조사를 통해 유물을 발굴하여 절터 전체의 규모가 확인되었다. 감은사는 1금당 쌍탑 가람으로 남북의 길이보다 동서 회랑의 길이가 길게 구성된 점과 금당을 중심으로 동서의 회랑을 연결하는 중 회랑을 둔 점이 특이하다.

## 아! 감은사 탑이여!

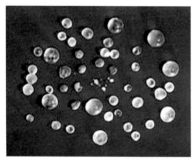

감은사 출토 사리

사리함

국보 제112호인 동서삼층석탑 2기가 남아 있는데, 제일 윗부분인 찰주의 높이까지 합하면 국내의 남아 있는 탑 중에서 가장 큰 탑이다. 1966년 동, 서탑 중 서편 삼층석탑에서 왕이 타는 수레 형태의 사리함 외 많은 유물이 발견되었는데, 현재 보물 제266호로 지정되어 있다. 유물 수습 후 3년 6개월간 조사하고 보존 처리하고 복원했다. 사리함의 크기 25cm, 풍탁 길이 6㎜, 무게 0.04g, 몸통 길이 3.5㎜, 두께 0.1㎜, 사슬 0.25㎜, 표면 금 알갱이 0.3㎜로 신라 금속공예의 절정이요 나노기술이다.

동, 서탑은 쌍탑으로 조성되어 있는데, 두 탑은 같은 구조와 규모로 되어 있으며 상하 2층으로 형성된 기단 위에 세워진 평면 네모형의 삼층석탑이다.

동, 서탑 중 서탑은 1959년 12월에 해체. 보수되었는데 해체 당시 제3층 몸돌의 윗면 사리공에서 사리장엄구가 창건 당시의 상태로 발견되었다.

놀라운 것은 눈으로 잘 보이지 않을 만큼 작고 무게가 0.4g에 불과한 금으로 만든 풍탁이 발견되어 그 당시 기술 수준을 가름할 수 있다. 그 외 발견된 사리장엄구 외 유물들은 조각 양식이 특이하여 서역 내지는 인도의 조각 양식이 엿보인다.

문화유산 답사가 유홍준 교수는 탑을 올려다보며 "아! 감은사 탑이여!" 하고 감탄했다고 한다.

# 천 삼백 년 녹슬지 않는 쇠, 찰주

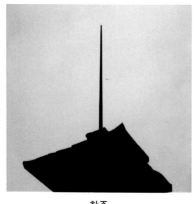

찰주

찰주 보수 작업

탑 꼭대기에 피뢰침과 같이 보이는 쇠기둥 이름은 찰주이다.

높이가 3.5m이다. 탑 꼭대기 윗부분을 장식하는 연꽃, 수레바퀴 등 둥근 여러 모양의 장식이 꽂혀있던 기둥이다. 그런데 자세히 관찰하면 붉은 녹이 보이지 않는다.

찰주는 약 1천3백 년 전 신문왕 때 만들어졌는데 신기하게도 바다 소금기 머금은 바람을 맞아도 지금까지 녹이 슬지 않았다.

신라 조상들의 신비한 기술이 아직도 미스터리로 남아 있다.

과학기술이 발달한 지금까지도 합금하지 않고 순수한 철은 녹슬지 않게 만들 수 없다고 하니 우리 조상들의 기술이 놀랍기만 하다.

# 큰 종을 운반한 계곡, 대종천

토함산에서 내려오는 계곡은 원래 이름이 스무내였으나 1238년 몽골군의 침입으로 계곡을 따라 100여 톤의 황룡사 종을 운반했다고 전하며 이후로 '대종천'이라고 부른다.

그러나 몽골군들이 배에 싣고 바다 한 가운에 이르렀을 때 풍랑을 만나 침몰하여 바다 한가운데 가라앉았다고 전하는데 지금도 어딘가 펄 속에 묻혀 있을까?

믿거나 말거나 소문에 의하면 풍랑이 심한 날은 은은한 종소리가 바닷가에 울린다고 한다.


# 배를 타고 들어오는 절

절 아래에는 선착장이 있었던 흔적이 남아 있다.

발굴 결과 걸어서 들어오는 길이 없었다고 하고 선착장은 배를 타고 왔던 것을 증명하고 있다. 수년 전 KBS 〈역사 스페셜〉에서 절 위쪽 논바닥을 볼링 하여 펄이 확인되어 옛날에는 이곳까지 바닷물이 들어왔을 것으로 생각되며 절 앞이 바다였을 것으로 확인되었다.

# 바다에 잠드신 문무대왕

하늘에서 본 대왕암

대왕암은 경주시 양북면 봉길리 대종천(스무내) 하구에서 약 200m 떨어진 바다에 솟은 바위 섬이다.

문무대왕릉은 세계 어느 나라에서도 그 예를 찾아볼 수 없는 수중릉이다.

어느 나라, 어느 시대에 죽어서까지 바다용이 되어 나라를 지키겠다는 왕이 있었을까?

대왕암은 거센 파도에도 아랑곳없이 항상 맑고 깨끗한 물이 잔잔히 흐르게 설계되어 있다.

이 수중릉은 육지에서 약 200m 떨어진 곳에 길이 약 20m의 바위섬이며 내부에 동서남북 십자 수로를 통하여 동쪽으로 들어온 물이 서쪽으로 난 수로의 턱을 넘쳐 천천히 다시 바다로 흘러나가 항상 맑은 물이 고여 있다. 바위섬 가운데 길이 3.6m 폭

2.8m 두께 0.9m 크기의 거북 모양 화강석이 놓여있다. 그 바위 밑에 화장한 유골을 봉안한 납골 처로 생각되고 있으며 산골처라는 설도 있다.

　문무왕은 나당연합군으로 백제를 멸망시킨 태종무열왕의 뒤를 이어 21년간 재위하는 동안 668년 고구려를 멸망시키고 676년에는 삼국의 영토에 야심을 드러낸 당나라 세력까지 몰아내어 삼한통일을 완수하여 최초의 통일국가를 이루신 우리 역사에 길이 남을 왕으로, 백성들은 글(文)로써 다스리고 적들은 무기(武)로 다스린 위대한 문무대왕(文武大王)이시다.


## 내 영혼이 오래 머물지도 못하는
## 무덤을 만들지 마시오!

문무대왕암

문무대왕의 수중릉에 대한 기록은 『삼국사기』에 문무왕 21년 (681년), "7월 1일 왕이 돌아가시자 문무라 시호하고 유언에 따라 동해의 큰바 위 섬에 장사하였다. 속 전에 왕이 용으로 화하였다고 하며 그 큰 바위를 대왕암이라고 하였다."라고 기록되어 있다.

문무왕께서는 삼국통일 후 "과인이 어지러운 세상과 전쟁의 시대를 만나 서정북토(西征北討) 한 결과 안정을 되찾았다. 무기를 녹여 농기구를 만들고, 세금을 가볍게 하고 부역을 덜어 백성들이 안정된 생활을 하며 영토 안에 우환이 없고 창고에는 곡식이 산처럼 쌓였다. 그러나 나는 병을 얻으니 운수가 가고 이름만 남는 것은 고금이 마찬가지라, 종묘사직의 주인은 한시라도 비워서는 안 되는 것이니 태자는 곧 왕위를 이어라. 영웅과 같은 군주도 마침내는 한 줌의 흙으로 돌아간다. 그리고 목동들이 올라가 피리를 불고 어우, 토끼가 굴을 뚫으니 무덤이란 한갓 재물을 허비하고 역사책에 비난을 남길 뿐, 헛되이 사람들만 수고롭게 하고 영혼을 오래 머물게 하지는 못한다. 이는 내가 바라는 바가 아니다. 내가 죽은 지 10일 뒤에 인도식으로 화장하고 상을 치를 때 검소하게 하라. 변방이나 지방에서 걷는 세금 중에 필요한 것이 아니면 모두 없애고 율령과 격식에 불편한 것이 있으면 곧 고쳐서 시행하라."라고 기록되어 있다니 수십 년 동안 온갖 고난을 겪고 국력을 소모하고 전쟁에 고생한 백성들을 헤아린 왕의 깊은 뜻을 생각하니 가슴 뭉클하고 눈물겹다. 〈삼국유사〉

# 삼국유사에 기록된 나라를 사랑하신 유언

『삼국유사』에는 문무왕의 유해를 화장하게 된 배경을 다음과 같은 설화적인 이야기를 싣고 있다. 왕은 평상시 지의법사에게 말씀하기를 "바라건대 내가 죽은 뒤 호국의 큰 용이 되어 불법을 받들고 나라를 수호하고자 한다."라고 하였다.

지의 법사가 "용은 짐승인데 하필이면 짐승이 되기를 원하십니까?" 하고 물으니 왕은 "내가 세상의 영화를 싫어한 지가 오래되었다. 만약 조금이라도 나라에 보탬이 된다면 짐승이 되어도 내가 품고 있는 뜻에 부합될 것이다."라고 하셨다. 〈삼국유사〉

그의 유언은 불교의 법식에 따라 화장한 뒤 동해에 묻으면 용이 되어 동해로 침입하는 왜구를 막겠다는 것이었다. 이에 따라 고문외정(庫門外庭, 성 밖, 지금의 능지탑 부근)에서 화장한 유골을 동해 입구 큰 바위에 장사 지냈으므로 그 뒤 이 바위를 대왕암이라 부르게 되었고 한다.

문무왕께서는 통일이 되었지만, 시도 때도 없이 바다를 건너와 노략질하고, 납치하고 항상 신라를 괴롭히는 왜구가 늘 마음속 걱정이 되어서 잠을 못 이루시다 돌아가실 때도 편히 눈을 감을 수가 없었다. 그래서 돌아가신 후 스스로 용왕이 되어 동해를 지키시겠다고 유언하셨다.

# 만 가지 풍파를 잠재우는 피리, 만파식적

문무왕이 돌아가시고 31대 신문왕 어느 날, 바다를 지키는 해관이 헐레벌떡 달려와 임금님께 대왕암 앞바다에 대나무가 자라는 신기한 바위섬이 나타나 낮에는 바다로 밀려가고, 밤이면 육지로 밀려온다고 보고드렸다. 신문왕은 기이하게 여겨 친히 바닷가로 행차하셔서 배를 띄워 바다로 들어 갈려는데 갑자기 풍랑이 일어 들어갈 수가 없어 7일 동안 감은사에서 기다리셨다가 풍랑이 잦아진 후 바다로 들어가셨는데 해룡이 나타나 선왕이 주신 옥대를 선물하며 "여기 이 대나무를 베어다 피리를 만들어 불면 소리의 이치로 나라를 다스릴 것이오." 하고 사라졌다.

신문왕은 해룡이 시킨대로 그 대나무로 피리를 만들어 불었더니 신기하게도 가뭄이 들 때는 비가 내리고, 풍랑이 일 때는 풍랑이 잦아들고, 전쟁도 멈추게 하는 아주 신기한 피리였다.

그래서 그 피리를 '만 가지 풍파를 잠재우는 피리'라고 해서 '만파식적'이라고 이름 지었다. 너무도 귀한 그 피리를 혹시나 잃어버릴까 봐 궁궐 깊숙한 창고 귀비고에 보관하였다고 하는 전설이 전해 내려온다. 〈삼국유사〉

소리의 이치로 나라를 다스리라 했으니 무력이나 힘보다 말과 지혜로 백성을 다스리라는 뜻일 것이다. 천 삼백 년 전 문무대왕의 나라 통치 이념과 백성을 사랑하는 마음이 '만파식적'에 담겨 전해온다.

수십 년 피비린내 나는 전쟁을 치르고 드디어 평화가 와서 조상들의 은덕으로 평화롭게 잘 살자는 뜻을 나타내는 전설이 아닐까?

---

**토막상식**

**청마 유치환의 영원한 짝사랑 이영도**

목 놓아 터뜨리고 싶은 통곡을 견디고 내 역시 한 개의 돌로 눈감고 앉았노라!(석굴암 대불)

얼마나 애가 탔으면 돌부처가 되었을까?

한국을 대표하는 생명파 시인이자 교육자였던 청마 유치환 시인(1908~1967)은 한국 시인협회 초대 회장을 역임한 한국 근대문학사의 거목으로 1908년 음력 7월 14일 아버지 유준수와 어머니 박우수의 차남으로 거제에서 태어났다.

경주에서 교사로 일할 때 같은 학교에 근무하던 9년 연하의 청순한 이영도 선생에게 마음을 빼앗겨 20년을 한결같이 연서를 보내도 반응이 없자 메아리 없는 연서에 감포 해변에 앉아 바다를 바라보며

"파도여 어쩌란 말이냐 파도야 어쩌란 말이냐
임은 뭍 같이 까딱없는데
파도야 어쩌란 말이냐, 날 어쩌란 말이냐?" 하고 절규했다.

그러나 통영으로 전출을 가게 되었으나 갑자기 교통사고로 돌아가셨다.

너무도 갑작스러운 비보에 이영도 선생이 그동안 받은 시와 차마 띄우지 못한 답시를 모아 시집을 냈다.

탑
너는 저만치 가고
나는 여기 섰는데
손 한번 흔들지 못한 채
돌아선 하늘과 땅
애모는 사리로 맺혀 푸른 돌로 굳어라.

하늘에 띄운 답시와 함께

---

"사랑하는 것은 사랑을 받느니보다 행복하나니"

시의 일부를 제목으로 딴 시집이 나와 두 분의 사랑이 이 세상에 알려지게 되었다.

이영도 선생이 돌아가신 후 그 자손들이 두 분을 영혼 결혼을 시켜드렸다고 한다.

### 연오랑과 세오녀(까마귀 오烏)

• 연오랑과 세오녀는 개기 일식이 있으면 해를 갉아먹는 벌레를 잡기 위해 제를 지내고 까마귀를 하늘에 날리는 제사장이다.

• 옛날에는 일식은 해를 갉아먹는 큰 벌레 때문에 태양의 한쪽이 사라진다고 생각했다.

• 해와 달 - 양과 음

• 영일(迎日) - 세오녀가 보낸 제물로 해를 맞이(환영)하기 위해 제를 올린 장소 (포항 영일)

# 경주 유교문화와 양동마을

양동마을 전경

경주는 신라 천 년의 고대문화와 불교문화뿐만 아니라 조선 시대의 유교문화가 융성했던 곳인데 그 규모나 질적인 면과 보존상태가 전국 어느 민속 마을보다 더 우수하여 유교문화의 보고이며 2백 년 이상 된 조선 시대 한옥들이 다른 어느 곳보다 잘 보존된 마을이다.

임진왜란 이전에 세운 한옥이 남한에 10채가 있는데 그중 4채에 해당하는 관가정, 서백당, 무첨당이 양동마을에 있다.

국보를 포함 문화재가 즐비한 양동마을과 현재 남아 있는 20여 개의 서원, 향교, 정자, 영당 등 내외국인들에게 한국의 유교문화를 보여주기 적합하다.

양동마을은 월성손씨와 여강이씨에 의해 형성된 마을로 마을 전체가 중요민속자료 1984년에 지정되었다.

전국에 6개소의 전통 민속 마을이 있으나 보존상태, 문화재의 수, 전통성과 아름다운 자연환경과 때가 묻지 않은 향토성 등에서 어느 곳보다 훌륭하고 볼거리가 많아 1993년 영국 찰스 황태자가 이곳을 방문했다.


## 양동마을의 풍수지리

풍수지리란 음양론과 오행설을 기반으로 주역의 체계를 주요한 논리구조로 본 지리과학이다.

옛날부터 마을을 형성하는 요소를 몇 가지로 볼 수 있는데 양동마을은 그 모든 요소를 다 갖추어 남한의 4대 길지 중에 으뜸이라 한다.

남한의 4대 길지란 양동마을, 안동 하회마을, 봉화 달실마을, 그리고 진주시 천전동이라고 일본 풍수가 무라야마가 꼽았다고 한다.

풍수설의 구성은 산, 수, 방위 그리고 사람 등 네 가지 요소로 성립된다.

음양의 기는 내뿜으면 바람이 되고, 오르면 구름이 되고, 분노하면 우레가 되며, 떨어지면 비가 되고, 땅속으로 흘러 다닐 때 생기가 된다.

따라서 바람이나 생기는 모두 음양으로부터 생겨난 동질이체이다. 또한 기(氣)는 바람을 타면 흩어져 버리고 물에 닿으면 머물기 때문에 풍수지리에서는 물을 얻고 바람을 막는 데 중점을 두게 되는데 이는 풍수지리의 기본적인 외적 형상이다.

풍수지리는 토지에 대하여 신비하고 영묘한 실체인 기가 있다고 단정하고 이 기가 만물을 생육하는 생명력이 될 뿐만 아니라 인간의 길흉화복에 영향을 끼친다고 믿는다. 따라서 자연에 존재하는 기의 응결 지인 혈과 명당이라는 위치에 주거를 정함으로써 그 주위의 지역에 중심이 되는 곳을 정하여 집을 짓는다.


## 한옥의 구조와 반영된 사상

우리 조상들은 자연의 순리대로 살아가는 것을 인간이 지켜야

할 기본질서로 생각했다. 한옥도 자연의 한 부분으로 생각하여 주위 자연환경과 어울리게 지었다.

우리나라는 여름과 겨울이 뚜렷하게 구분되어 여름에는 습기가 많고 덥고 겨울에는 춥고 건조하여 살아가는 가옥도 이러한 자연환경에 잘 순응하여 여름에 주로 사용하는 대청마루가 있고 추운 겨울은 따뜻한 온돌방이 있다. 마루와 온돌이 있는 집을 한옥이라고 한다. 일본, 중국에는 없는 우리만의 독특한 가옥구조이다.

## 한옥 방문이 작은 이유

한옥은 방문이 허리를 굽혀야 들어갈 수 있을 정도로 작은 것은 추운 겨울철 문을 열면 따뜻한 방 안 공기가 일시에 빠져나가고 찬 공기가 유입되므로 최대한 이를 방지하기 위하여 문이 작고 또한 문에서 천정까지의 공간을 두어 항상 방안 윗부분에는 따뜻한 공기를 가두어 두기 위한 조상의 지혜이다.

## 한옥 마당에는 조경하지 않는 이유

시골집을 보면 집 뒤에는 대나무를 심고 뒤뜰에는 감나무나 생활에 필요한 유실수를 심어 여름에도 시원함을 준다. 그리고 우리 한옥의 마당에는 화목을 심지 않고 잔디도 심지 않는다. 이러한 구조는 한여름 땡볕이 내리쬐면 앞마당에는 상승기류가 형성되어 공기가 올라가 자연스럽게 대청 뒷마루 문을 통해 시원한 공기가 집안으로 유입되는 구조이다. 자연대류 현상이 일어나 자연히 집안 전체가 시원하게 된다.

그리고 최소한의 조경도 마당 한 모퉁이에 가정에 필요한 유실수 몇 그루가 고작이다.

그리고 마당 한가운데 나무를 심으면 곤(困)이 되어 한 달 안에 제물이 다 날아간다고 한다.

## 뜰에도 음양 사상을 담았다

한옥의 정원에는 소나무 같은 상록수를 심지 않고 또한 잎이 넓은 낙엽수도 될 수 있는 한 심지 않았다고 한다.

상록수는 추운 겨울 그늘로 인해 음기가 강하고, 잎이 넓은 낙엽수는 여름 장마 때 그 그늘로 인해 또한 음기가 강하여 피했다고 한다. 그리고 택지 여건상 어쩔 수 없이 그늘이 심한 음택에는 괴석을 놓아 양기를 보충한다고 한다.

## 한국 정원은 자연의 순리를 거역하지 않는다

우리 한옥은 정원을 꾸밀 때 자연의 순리를 존중해 왔다.

물은 흐르고 넘치는 것이 순리라 생각하고 연못과 폭포를 만들지만, 인공으로 물을 쏘아 올리는 분수는 하늘을 거역하는 것이라 만들지 않았다. 지형을 존중하여 자연을 허물지 않으며 관상수를 심어 인공 수형을 만드는 것을 피하고 사계절에 순응하는 나무를 심으며 자연스럽게 자라는 굽은 나무를 좋아했다. 우리 조상들은 이렇듯 자연의 질서를 존중하였다.

---

**토막상식**

**칸수의 제한**
- 100칸 이상: 절이나 궁궐
- 60칸: 대군의 집
- 50칸: 왕자와 군 및 공주의 집
- 40칸: 옹주와 종친 그리고 2품 이상
- 30칸: 3품 이하
- 10칸 이하: 일반 서민

## 웰빙 문 창호지의 장점

최근 들어 우리 한옥이 과학적이고 건강에 좋다고 많은 돈을 들여 짓고 있다. 그중 창호지의 장점을 들면 다음과 같다.

첫째, 햇빛은 통과시키지만, 자외선은 차단한다.

둘째, 공기정화 작용을 한다.

셋째, 자원고갈의 염려가 없다. (닥나무는 자르면 이듬해 더 많은 새순이 돋는다.)

넷째, 폐기했을 때 공해를 유발하지 않고 자연으로 돌아간다.

## 한옥의 부엌

우리 한옥의 부엌은 사방 열린 공간이라 겨울에는 행주가 얼 정도로 춥다.

우리나라 음식은 수증기가 많은 밥과 탕이 많다. 우리나라 집은 재료가 나무와 흙이다. 그래서 습기가 빨리 배출되어 건조해야 기둥과 서까래가 썩지 않고 흙벽도 오래 견딜 수 있기 때문이다.

## 대표적 고택, 관가정

관가정

여기서는 양동마을 대표적인 고택 네 곳만 소개하고자 한다.

우재 손중돈 선생은 원래 종가인 서백당에 서 태어나 장성한 후 관가정을 지었다. 서백당이 세워진 1458년보다 한 세대 뒤인 1480년에 지은 것으로 추정된다.

우재 손중돈 선생은 차남이었지만 맏형이 장가들어 이 마을을 떠나므로 장손이 되어 분가 직후 관가정이 대종가 종택 역할을 했다. 그 후 20세기 초에 원래 서백당으로 종가를 옮겨 오게 되었다. 관가정의 특징은 살림집인 동시에 경관을 감상하기 위한 정자이다.

이 집을 대표하는 사랑채의 누마루는 손중돈 선생이 마을 깊숙한 서백당을 떠나 이곳으로 종가를 옮긴 이유로 바로 더 넓은 자연을 감상하기 위함이었고 누마루가 필수적이었을 것이다.

## 향단

향단 전경

향단은 이언적 선생님이 옥산 독락당에서 5년간 은둔 생활을 청산하고 다시 관직에 복귀 경상 감사, 의정부좌찬성 등의 고위직을 역임하면서 지은 집이다.

고향에 노모가 편찮아서 관직을 사양하자 임금님께서 고향 노모를 봉양하며 관직을 수행하라고 하사한 집이라 전해진다. 감사의 근무처인 대구 감영에서 근무함이 마땅하나 향단을 건립하여 대구와 고향을 오가며 순회 근무를 하였다고 한다. 근무 공간인 사랑채 마루 대들보가 임금님이 하사한 것이라 전하며 회재 이언적 선생이 경상감사를 마치고 전직할 때 그의 동생인 농재공 이언괄에게 이 집을 증여 하였다고 하며 향단이란 이언괄 공의 손자 이의수의 호를 따서 이 집 이름이 향단이 되었다고 한다. 향단은 원래 99칸이었으나 6·25전쟁 및 기타 사유로 허물어지고 지금은 56칸이 남아 있다. 향단에는 20여 채의 가립집이 속해 있었다고 한다.


## 서백당(지방기념물 8호)

서백당은 손소 양민 공이 25세 되던 해인 1458년에 건립된 월성 손씨 종갓집으로 양동마을에서 가장 오래된 집이다. 양민 공의 차남이며 성종과 중종 때 대학자였던 손중돈 선생이 관가정을 건립하여 이사하면서 400여 년간 종가 자리를 내어 주었다가 20세기 손 씨 종손이 이 집으로 다시 옮겨오면서 종가의 지위를 되

서백당

찾았다. 사랑채에 서백당(書百堂)과 송첨(松簷)이라는 당호가 걸려 있다. 서백당은 하루에 '참을 인(忍)' 자를 백번 써서 종손으로서 인내심을 기르라는 고통의 가르침이 담겨 있다. 또 송첨은 손소의 별호라는 설과 소나무 처마란 뜻으로 사랑채 앞마당에 있는 향나무의 생긴 모습을 상징한다는 설이 있다.

이 터를 잡을 때 문장봉의 혈맥이 뭉쳐서 삼혈식군자지처(三血食君子之處)를 이루었으므로 이 집에서 위대한 인물 셋이 태어나리라는 예언을 하였는데 과연 그의 말대로 손중돈과 이언적 선생이 나왔고 지금은 세 번째로 태어날 인물을 기다리고 있다.

※ 삼혈식군자지처란, 나라의 의식으로 제사를 지낼 3명의 군자가 태어날 터를 말한다.

# 무첨당(보물 411호)

무첨당

여주 이씨 대종가이다. 동쪽에는 사랑채와 안채 서쪽에는 별당인 무첨당이 있다. 그사이 높은 언덕은 사당 영역이다.

회재 이언적의 부친인 이번이 양동에 장가들어 이 집을 마련했고 이언적이 경상감사 시절에 별당인 무첨당을 세웠다.

이언적의 본가이며 여주이씨의 대종가로 무첨당은 회재 이언적의 맏손자 이의윤의 호를 딴 것으로 '조상을 욕되지 않게 한다.'라는 뜻이다. 한때는 노비가 130여 명 토지가 16만여 평이었다고 한다.

# 옥산서원(玉山書院, 사적 154호)

옥산서원

　조선 시대 향교는 공립 교육기관이고, 서원은 사립 교육기관이다. 향교나 서원은 모두 한적하고 주위 자연경관이 수려한 곳에 자리하고 있다. 유생들이 학문보다 먼저 자연과 함께 마음 수양을 우선해야 한다는 의미이다. 신라 화랑도들도 자연을 벗 삼아 심신을 단련하고 마음 수양, 즉 인간 됨됨이가 학문보다 우선이었다.

　옥산서원은 조선 시대 성리학자로 회재(晦齋) 이언적(李彦迪)을 봉향하는 서원이다. 선조 5년(1572)에 경주 부윤 이제민, 권덕리 등 도내유림(道內儒林)들이 함께 뜻을 모아 독락당으로부터 아래로 700여 미터 지점에 서원을 창건하였고, 다음 해에 서악(西岳) 향현사(鄕賢祠)로부터 위패를 모셔서 옮겨오게 된 것이다. 선조 7년(1574)에 '옥산서원'이라는 사액(賜額)을 받았으나 헌종 4년

(1838)에 화재로 강당인 구인당이 소실되어 다시 사액 되었다.

처음 사액 글씨는 아계 이산해(李山海)의 글씨였으나 재차 사액 글씨는 추사 김정희(金正喜)의 글씨였다.

옥산서원은 대원군의 서원철폐 시 헐리지 않은 전국 47개 서원 중의 하나이다.

유생들이 이곳에 도착하면 먼저 마음을 가다듬는다는 의미인 좁은 외나무다리를 건너 맑은 물이 흐르는 계곡 세심대에서 마음을 깨끗이 씻는다. 정문인 역락문(亦樂門)을 들어서면 바로 무변루(無邊樓)라는 2층 누각이 나오는데 이는 유생(儒生)들이 휴식하는 공간이다. 그 밑의 계단을 밟고 오르면 강당으로 쓰이는 구인당(求仁堂)에 이르게 된다. 구인당의 좌우에는 암수재, 민구재가 있는데 이는 유생들이 수학하며 거처하는 곳이다. 구인당에는 무변루와 함께 한석봉 글씨로 편액이 걸려 있다. 내삼문(內三門)을 지나면 이언적의 위패를 봉안한 체인묘(體仁廟)라는 사당에 이른다.

본 서원은 전면에는 강학 처소를, 후면에는 사당을 둔 전학후묘(前學後廟)의 배치를 취하고 있다.

서원에는 귀한 유물이 보관되어 있는데 삼국사기 완본 9책(보물 525호), 국내 최고(最古)의 활자본인 정덕계유사마방록(보물 524호), 해동명적 2책(보물 526호), 이언적 수필 고본(보물 586호) 등 총 866종 4,111권의 서책을 보관하고 있다. 그 외 유물로는 벼루, 벼루 물병, 사모, 관대, 옥적, 직인, 금은 관자 등 무수히 많다.

# 독락당(獨樂堂, 보물 413호)

독락당 계정

옥산서원에서 약 700m 위쪽에 있으며 옥산 정사라고도 한다. 중종 25년(1530) 김안로와 대립하다가 관직에서 쫓겨나 2년 뒤에 낙향하여 이곳 자옥산 기슭에 건물을 지어 독락당이라 이름 짓고 성리학 연구에 몰두하였다.

회재 선생은 중종 시대 유학 즉 성리학의 정립에 크게 이바지하였으며 유학의 방향과 성격을 밝히는 데 중요한 역할을 하였다.

그 후 아들 이전인에게 전수되어 사당, 어서각 등을 증축하여 집 동쪽에 있는 계정(溪亭)과 함께 총 건물이 20여 동에 이른다. 어서각에는 인종(仁宗) 임금의 수찰(手札)을 비롯해 회재 이언적의 유물이 보관되어 있고, 또한 집 뒤에는 회재 선생이 친구에게 씨를 얻어 직접 심었다는 천연기념물 115호인 주엽나무가 있으며, 아들 이 전인의 기적비(記蹟碑)도 세워져 있다. 집 뒤 계정에는 바깥의 개울을 내다볼 수 있도록 담장 일부에 창살을 설치해 놓았다. 독락당 현판은 아계 이산해의 글씨이며 옥산 정사 현판은 퇴계 이황(李滉)의 친필이다.


## 석탈해왕릉

탈해왕릉

표암

2대 남해왕의 사위로 4대 왕위에 올랐다. 석씨 성을 가진 8명의 왕 중에 무덤이 남아있는 것은 탈해왕릉뿐이다.

전하는 전설에 의하면 다파나국 왕비가 7년 만에 난 얘기가 알로 태어났으나 이를 기이하게 여긴 왕이 버리라 하여 궤짝에 담겨 바다에 버려져 신라 동해안 아진포에 닿았는데 의선이라는 할머니가 알에서 깨어난 아기를 길렀다. 자라서 토함산에 올라 반월 모양의 터를 발견하고 그곳이 살기 좋은 곳이라 여겨 와서 보니 이미 '호공'이라는 사람이 살고 있어 탈해는 꾀를 내어 땅을 빼앗으려고 호공 몰래 숯과 쇳덩이와 숫돌을 묻어놓고 호공에게 찾아가 원래 이곳은 대장간을 하던 자기 조상들이 살던 곳이라 우겨 그 땅을 차지하자 2대 남해왕이 탈해를 지혜롭게 여겨 사위로 삼고 왕위를 물려주었다는 전설이 전해진다. 〈삼국유사〉

무덤은 초기 흙무덤이나 실지 그 주인공은 알 수 없어 전(傳) 탈해왕릉이라 한다.

석탈해는 조상이 대장장이라는 말과 기골이 장대한 통뼈라고 전하니 덩치가 큰 서역의 철기문화를 가진 도래인이었을 것이다.

왕릉 뒤에는 서라벌 육촌 중 양산 촌의 촌장인 경주 이씨 시조 알평 공이 태어난 곳인 표암이 있고 표암 제와 유허 비각이 있고 경주 이씨 후손들이 세운 경모 비가 있다.


## 백률사와 굴불사지

이차돈 순교비

굴불사지 사면석불

법흥왕은 불교문화를 구심점으로 왕권을 강화하려 하였으나 불교를 반대하는 신하들의 반대로 고심하던 중 이차돈이 나서 내 목을 베면 기이한 일이 일어날 것이라며 법흥왕의 불교공인을 위해 목숨을 바쳤다. 왕은 부득이 이차돈의 목을 베게 하였는데 흰 피가 솟구치고 하늘에서는 꽃비가 내리고 천지가 진동하고 머리는 소금 강산에 떨어지는 이변이 일어났다.

이를 본 불교를 반대한 귀족들은 이제는 감히 불교 전파를 반대하지 못하였고 그 이후로 신라 불교가 번성하였다. 법흥왕은 이차돈의 머리가 떨어진 소금강산 중턱에 그를 기리기 위한 절을 세우도록 하였다. 백률사는 신라 불교 역사에 가장 중요한 성지이다.

이차돈이 순교한 지 290년이 지난 49대 헌강왕 9년에 이차돈을 기리는 기념물이 세워졌는데 지금은 경주국립박물관에 이차돈 순교비가 전시되어 있다.

옛 절터에 지금은 자그마한 암자가 있다.

백률사 오르기 전 큼직한 자연석 사방에 독특한 모습의 불상이 동쪽에는 약사여래, 서쪽에는 아미타 삼존불, 남쪽에는 석가 삼존불, 북쪽에는 보존 상태가 좋지 않은 미륵불과 관음보살이 있다.

어느 날 경덕왕이 백률사로 행차할 때 땅속에서 염불 소리가 들려 사람을 시켜 땅을 파 보았더니 큰 돌 사면에 사면불이 있어 이에 절을 짓고 굴불 사라 하였다는 전설이 전해진다. 〈삼국유사〉

법흥왕의 시호도 불법을 널리 흥하게 한 왕이라고 법흥(法興)

왕이다.

## 사천왕사지와 망덕사지

사천왕사지

사천왕사지 당간지주

망덕사지 당간지주

사천왕사는 문무왕(文武王) 11년(671)에 착공하여 문무왕 19년 (679)에 완공되었는데 칠가람(七伽 藍) 터의 하나인 나라에서 특 별히 신성하게 여기던 신선이 내려왔다는 신유림에 세워졌다.

당나라의 침공을 막기 위해 군신, 국민 할 것 없이 온 국민이 하나 되어 통일된 나라를 지키기 위한 간절한 염원을 담고 세웠다.

당나라의 도움으로 통일을 이룬 신라는 또한 시련을 맞았다.

많은 군대를 파견하여 신라 통일을 도운 당나라는 흑심을 드러내어 통일된 신라 땅을 송두리째 차지 하려고 안동도호부, 웅진도독부, 계림도 독부를 설치하고 나라를 좌지우지 간섭을 하였다.

당나라의 야심을 알아차린 문무왕과 김유신 장군과 온 백성들은 불꽃 같은 적개심으로 똘똘 뭉쳐 전쟁으로 지친 나라를 다시 추슬러 당나라 군대에 맞섰다.

8년의 긴 세월 싸투 끝에 676년 결국 당나라의 세력을 대동강 이북으로 쫓아내었다.

그러나 쫓겨난 당나라는 괘씸하게 생각한 나머지 장수 설방을 앞세워 5만 대군을 이끌고 신라를 쳐들어온다는 전갈을 당나라에서 머물던 김인문이 의상대사에게 알렸다. 신라로 급히 돌아온 의상대사의 전갈을 받은 문무왕은 긴급 군신회의를 소집하고 해결 방법을 물으니 각간 김천촌이 아뢰기를 "근래에 명랑법사가 용관(龍官)에 들어가 비법(秘法)을 배워왔으니 그를 불러 물으소서." 하였다.

명을 받은 명랑법사는 임금님께 아뢰기를 "낭산 남쪽에 신유림이 있으니 그곳에 사천왕사를 세우고 부처님께 진심으로 기도 드리면 당 군을 막을 수 있을 것이옵니다."라고 하였다.

이때 당나라 정주(貞州)에서 급한 연락이 또 날아왔다. 당나라 군사들은 신라를 치기 위해 이미 바다에 배를 띄워 곧 서해를 건너올 것이라는 전갈이었다. 사정이 너무 급하였다.

명랑법사는 사정이 급하오니, 우선 흰 비단 천으로 절 모양을 갖추고 풀로 오방신을 만들어 기도를 먼저 드려야 한다고 하였다.

명랑법사는 임시로 급히 세운 절에서 문두루비밀(文豆婁秘密)의 비법을 지으니, 부처님의 도움일까? 갑자기 폭풍이 일어 당나라 군사들을 태운 배는 신라 병사와 교전하기도 전에 풍랑으로 모두 서해에 침몰하고 말았다고 한다. 그 후에 절을 마저 세우고 절 이름을 '사천왕사'라고 하였다. 그 후 다시 당나라는 조헌이 5만의 군사를 이끌고 다시 침범 하였으나 또 문두루 비법을 사용하여 당군의 배는 전과 같이 침몰하였다고 한다.

두 번이나 실패한 당 고종은 노발대발하여 김인문과 같이 옥에 갇힌 박문준을 불러 물었다.

"너의 나라에는 무슨 비법(秘法)이 있어 우리의 대병(大兵)을 두 번이나 보내어도 살아 돌아오는 자가 없느냐?"

문준은 "저는 고국을 떠나온 지가 오래되어 자세히 알지는 못하나 들려오는 소식으로는 우리나라는 당나라의 은혜를 입어 삼국을 통일하였으므로 그 덕을 갚으려고 새로 천왕사를 낭산 남쪽에 세우고 황제의 만수무강을 빈다고 들었습니다."라고 하니 당 고종은 이 이야기를 듣고 크게 기뻐하며 악붕귀(樂鵬龜)를 신라에 보내어 그 절을 살펴보게 하였다.

문무왕은 당나라의 사신이 온다는 것을 미리 듣고 이 절을 보여주어서는 안 될 것으로 생각하고 따로 그 남쪽에 가짜로 급하게 새 절을 짓고 기다렸다.

얼마 후 악붕귀가 신라에 와서 "우리 황제의 만수무강을 비는 절이 있다는데 내 거기를 먼저 가서 분향을 하겠오." 하므로, 그를 새로 지은 가짜 절로 데려가 보였다.

그러나 이를 눈치를 챈 악붕귀는 선뜻 들어가지 않고 절 문전에 서서 "이것은 사천왕사가 아니고 망덕요산(望德遙山)이구나!"라고 하고는 끝끝내 들어가지 아니하니 크게 걱정하던 신라 관리는 악붕귀에게 금 1천 냥을 주었다고 한다.

그리고 큰 대접을 받고 돌아간 악붕귀는 당 고종에게 보고하기를 "마마, 신라는 도와준 은혜를 잊지 않고 천왕사를 세우고 마마의 만수무강을 빌고 있었습니다."라고 허위 보고를 하였다고 한다.

당 고종은 이 보고를 받은 후 크게 기뻐하며 옥에 가둔 김인문을 석방하였는데 김인문은 조국으로 돌아오는 배 위에서 돌아가셨다고 한다. 이에 나라에서는 인용사를 세우고 나라를 위해 목숨을 바친 김인문을 기렸다고 한다. 〈삼국유사〉

박물관 뒷길로 가면 인용사지가 빈터로 남아 있다.

이처럼 신라 사람들의 나라를 위한 일편단심이 부처님의 힘으로 침략군을 물속으로 끌어넣는 기적이 일어난 것이었으리라! 나라의 위기를 구한 사천왕사는 온 국민의 성원으로 문무왕 19년에 완성을 보게 되었다고 한다.

※ 문두루 비법: 국토의 동서남북과 중앙을 지키고 있는 다섯 방향의 신장에게 비

는 기도 방법이다.

## 탑곡 마애조상군

**탑곡 부처 바위 북면**

이곳의 절은 일본 강점기 때부터 옥룡암이라는 이름으로 널리
알려진 이 암자는 불교 유적과 자연경관을 한자리에 모은 곳으
로 경주 사람에게는 불국사와도 같을 정도로 친숙한 이름이다.
이곳은 불교 유적 중에서도 예를 찾을 수 없는 유명한 탑곡마애
조상군, 곧 부처 바위다.

이 부처 바위는 사방 바위 면에 불교 세계의 각가지 형상을 새
겼는데 탑, 불상, 승려 상이 있고 비천상, 사자상, 여러 기의 비
천상 공양하는 스님 상, 보리수나무 아래 선정에 든 스님 상 등

무려 30여 점에 달하는 여러 형상이 한 바위에 새겨져 있으니 흔히 있는 사방불과도 다른 점이다.

대일여래이신 바로자나 부처님이 가시는 곳마다 사방 온 누리에 화려하고 장엄한 부처님 세계가 열린다고 하였으니 이곳이 바로 바위 한가운데 비로자나 부처님이 계시는 화려한 부처님 세계를 나타낸 곳이다.

이는 단순한 서방정토를 새긴 것이 아니라 그 정토를 향한 속세의 우리 인간들의 수양까지도 한 개의 바위에 상징하고 있기 때문이다.

그뿐 아니라 이 부처 바위에 새겨진 탑의 모양을 통해서 신라 때 있었으나 지금은 알 길 없는 신라 목조탑과 황룡사 9층 목탑의 모습을 알 수 있는 근거를 제공해 주고 있다.

※ 사방불과 사면불: 사방불은 같은 시기에 같은 장소에서 사면에 조성된 부처님 일 이때는 '사방불'이라 하고 서로 각기 다른 시기 또는 다른 장소에 있던 것을 한 곳으로 모은 부처님은 '사면불'이라고 한다.


## 북면

가운데에 석가여래좌상이 있고 그 좌우에 크고 화려한 탑을 조각했고 그 앞에 각각 한 마리의 사자가 부처님 세계를 지키고 있다.

부처님 머리 위에는 천개가 있고 그 위에는 여럿의 비천상이 있으니 석가여래를 중심으로 한 부처님 세계를 나타낸 것이다.

특히 두 개의 탑은 목탑의 형상인 것 같고 기단부, 탑신부, 상륜부를 완전히 갖추었고 상륜부는 노반, 용차, 보주에 이르는 전 부분을 나타내고 있어 신라 목탑의 모양을 가름할 수 있는 중요한 자료가 되고 동탑은 9층 서탑은 7층이다.

## 서면

서쪽 면은 면적이 작은 탓으로 한 분의 불상과 불상 주위의 장식물과 그 위를 나는 한 분의 비천상이 있을 뿐이다. 부처님은 약합을 든 약사여래상이다.

서면

## 동면

동면

세 개로 갈라진 바위가 3면을 이루고 있는데 가장 넓은 아래쪽에 삼존불을 새겼는데 연화대에 앉은 부처님 모습이 새겨져 있고 그 앞에는 향로를 받든 수도승이 있고 부처님 머리 위에는 극락세계를 축복이라도 하듯 여러 명의 비천이 천의 자락 나부끼며 하늘에서 내려오는 모습이 새겨져 있는데 오랜 세월 비바람에 마모가 되어 잘 보이지 않는다.

비가 오고 난 후 바위가 촉촉이 젖어 있을 때 보면 잘 보인다. 가운데에는 보리수 아래 앉아 성불하는 아미타 여래를 새긴 듯하며 위쪽의 셋째 먼에는 또 한 분의 여래상이 새겨져 있는 것이 희미하게 보인다.

이 바위 면은 서쪽에서 동쪽으로 보고 있어 가운데 부처님이 서방 극락정토를 다스리는 아미타여래상으로 본다.

## 남면

남면

이곳은 언덕으로 이루어져 동, 서로 두 쪽이 되어 있는데 그 중 동쪽 면에는 삼존불 좌상이 있고 서쪽 면에는 얇은 감실을 파고 그 안에 한 여래상을 조각했고 한 분의 여래상을 입체로 조각하여 바위 면의 단순함을 가려 조화롭게 보이도록 한 우리 조상의 예술적인 면을 엿보게 한다. 이곳 부처 바위에 있는 조각들은 어느 곳의 사방불에서도 볼 수 없는 성불에의 과정과 서방정토, 그리고 과거, 현재, 미래 3세의 부처님 세계를 모두 담은 것으로 여겨지는 특이한 예로 신라 불교의 특징적인 일면을 보여주는 것이라고 할 수 있다.

여래입상은 왼손으로 배를 문지르고 있어 자식을 못 낳는 여인들이 이곳에서 기도하면 득남한다는 속설이 있어 자식이 없는 많은 여인이 이곳에서 기도를 드렸다고 한다.

그리고 3층 석탑, 석등 자리, 금강역사가 조각된 문주형의 석주도 있어 그 옛날 신라인들이 이 자리에 밝혔던 법등과 목탁 소리가 온 계곡에 울려 퍼졌을 것이라 상상할 수 있게 한다. 이곳에 탑이 있다고 옛날부터 탑 곡이라 부른다. [참고 자료: 권오찬, 『신라의 빛』]

**토막 상식**

- 사자상: 불교에서 사자는 부처님 세계를 지키는 성스러운 짐승이라 여긴다. 그래서 불국사 다보탑에도 원래는 동서남북 네 마리의 사자가 있었다고 하는데 일제 강점기에 일본 사람들이 세 마리는 가져가고 지금은 턱이 파손된 한 마리만 남아 있다.
- '아'사자와 '훔'사자: 입을 벌린 사자를 '아'사자, 입을 다문 사자를 '훔'사자라고

한다. '아'는 처음, 시작을 의미하고, '훔'은 마지막, 끝을 의미한다. 부처님 세계를 처음부터 끝까지 지킨다는 의미이다.

- 마애불: 자연 절벽 바위에 새긴 부처님을 마애불이라 한다. 경주 남산에는 지금까지 118분의 부처님이 발견되었는데 2007년 5월 또 한 분의 부처님이 발견되어 119분의 신라 시대 부처님이 있다.
- 대일여래: 대일여래 부처님은 한없이 밝은 빛이라 그림자가 생기지 않는 빛이라고 한다. 우주 삼라만상 모두가 변해도 부처님의 빛은 영원하다고 한다. 그래서 그 빛을 대일(大日)이라 하는데 그 영원한 빛 대일을 부처님으로 나타낸 것이 대일여래 곧 비로자나 부처님이다. 부처님 중에 으뜸이라 할 수 있다.
- 신라의 목탑: 남아 있는 탑이 없어 지금은 알 길이 없으나 사천왕사, 망덕사, 영묘사 그리고 황룡사에 목탑이 있었다고 전하는데 지금은 그 모습을 알 길이 없고 오직 부처 바위 북면에 목탑을 새긴 것이 있어 그 모습으로 신라 목탑을 추측할 수 있다.
- 천개: 인도는 더운 나라라 석가모니 부처님이 다니실 때 뜨거운 햇볕을 가리기 위해 머리 위에 햇빛 가리개 즉 파라솔과 같은 것이었는데 세월이 지나면서 권위의 상징이 되었다.

# 보리사 석조여래좌상

남산 절터 중에 유일하게 신라 때 사찰 이름이 남아 있는 곳으로 어승들만 수도하는 곳이다.

팔각 복련 대좌 위에 팔각 중대석이 있고 그 위에 앙련 대좌는 하늘나라 부처님 세계를 나타내고 있다.

한없이 자비롭고 풍만한 두 뺨과 어

보리사 석조여래좌상

우러져 보는 사람은 두 손을 저절로 모이게 하는 감동을 주는 부처님이다.

불상 뒤의 광배는 32길상 중 장광상을 나타내고 여섯 송이의 연꽃은 부처님의 빛이 비치는 곳마다 깨끗한 정토가 된다는 뜻이고 화불은 부처님의 빛이 비치는 그곳에 부처님이 계신다는 뜻이라고 한다.

이 석조여래좌상 광배 뒷면에 여래좌상이 새겨져 있다.

왼손에 약그릇을 들고 설법하시는 모습이다.

여래상 둘레에는 불길이 타오르고 연화대좌 밑에는 구름이 새겨져 있다.

구름 위에 높게 앉으신 이 부처님은 동방유리광 세계를 제도하시는 약사여래이다.


## 통일의 주역을 모신 통일전과
## 화랑교육원

동남산 자락 통일전은 신라통일의 주역 삼총사인 통일의 기반을 닦으신 태종무열왕, 통일의 주역 김유신 장군, 그리고 통일을 완수한 문무대왕을 모신 곳이다.

고 박정희 대통령이 신라통일의 주역 세 분을 남산자락에 모시고 이분들의 나라 사랑과 통일의 염원을 오늘에 되살리고 그 정신을 새겨 통일을 기원하는 마음의 출발점으로 삼기 위해 세운 곳이다.

주차장이 넓고 칠불암을 거처 남산 일주를 하기 위한 출발점이기도 하다.

바로 옆에는 화랑도 정신을 배우는 화랑교육원과 숲과 정원이 아름다운 환경연구원이 있다.


## 오곡밥의 유례, 서출지

통일전 주차장 옆에는 연꽃과 백일홍이 아름다운 서출지(書出池)가 있다.

삼국유사에는 글씨가 나왔다는 못, 서출지 이야기가 전해진다.

21대 소지왕 10년(488)에 왕이 경치가 아름다운 하늘 샘인 천천정에 행차할 때 난데없이 까마귀와 쥐가 행차 앞에 나타나 쥐기 사람처럼 말을 했다.

"까마귀가 가는 곳을 따라가시오."

왕은 기이하게 생각하고 병사를 따라가게 명령했다.

병사는 남쪽 피촌까지 따라갔으나 또 돼지 두 마리가 서로 싸우고 있어 이를 구경하다 그만 까마귀 간 곳을 잃어버리고 당황하여 어쩔 줄을 모르고 있는데 이때 연못에서 흰 수염을 기른 노인이 나타나 봉투를 주면서 임금님께 전하라 하고는 사라졌다.

임금님께 바친 봉투에는 글이 쓰여 있었다.

"뜯어보면 두 사람이 죽고 뜯지 않으면 한사람이 죽을 것이다."

서출지

　왕은 "두 사람이 죽는 그것보다 한 사람이 죽는 것이 낫겠구나." 하니 일관이 "마마 두 사람은 일반 백성이고 한 사람은 왕을 말하는 것입니다."라고 해 왕은 봉투를 뜯었다. 다른 내용은 없고 '거문고 갑을 쏘아라.'라고 쓰여 있었다.

　왕은 생각 나는 게 있어 급히 궁궐로 돌아와 거문고 갑을 활로 힘껏 쏘았다.

　그러자 억 하는 비명이 났다. 그 안에는 내전에서 분향 수도하는 승려와 왕비가 은밀히 내통하고 왕이 돌아오면 시해하기 위해 숨어 있었다.

　까마귀가 임금님의 목숨을 구한 것이다.

　소지왕은 목숨을 구한 까마귀가 고마워 까마귀가 좋아하는 밤, 콩, 대추, 은행 등 오곡으로 밥을 지어 담장 위에 놓아 까마귀가 먹게 하여 은혜를 갚았다고 한다.

통일전 앞 은행나무 가로수길

그 후로 까마귀가 글을 올린 못이라고 '서출지'라 하고 정월보름이면 오곡밥을 지어 까마귀를 대접하여 오곡밥을 먹는 풍습이 생겼다고 한다.

화랑세기에는 소지왕비 선혜부인과 중 묘심이 사통해 오도를 낳았고, 오도는 벽화의 남동생이고 화랑의 시조인 위 화랑과 사통해 법흥왕의 애첩 옥진을 낳는다는 기록이 있다. 그러니 왕비는 사형은 당하지 않았을 것이다. 소지왕은 지긋한 연세에 벽화를 사랑하고 벽화는 다시 법흥왕의 후궁이 되었다가 비량의 부인이 되고 비량과의 사이에서 아들을 낳았는데 그가 구리지다. 구리지의 아들은 가야 정벌 때 큰 공을 세운 화랑의 우두머리인 5세 풍월주 사다함이다. 벽화는 얼마나 아름다웠으면 세 명의 남편을 거느렸을까?

통일전 주차장 오른쪽으로는 헌강왕릉과 정강왕릉이 솔바람 소리 새소리 아름다운 고즈넉한 소나무 숲속에 있고 왼편 남산 마을로 들어서면 마을 중간쯤에는 보물 제124호인 남산리 삼층 석탑이 있다. 좀 더 칠불암 쪽으로 가면 신라 시대 청아한 염불 소리가 온 장안에 들렸다고 하는 염불 잘하는 스님이 있었다는 절터 염불사지가 있다. 폐사지로 삼층 석탑만 남아 있다.

제2부

# 한식 위주
# 경주 맛집
# 100선

# 황리단길

황리단길에 있는 숭혜전은 경상북도 문화재자료 제254호로 신라 최초 김 씨 13대 임금인 미추왕과 삼국통일의 대업을 이룩한 30대 문무대왕 그리고 신라 마지막 임금인 경순왕의 위패를 모신 곳이다.

황리단길은 최근 너무나 잘 알려진 한옥 마을이다. 언젠가부터 젊은이들이 생활하기 불편한 한옥 마을을 다 떠난 텅 빈 마을이 다시 젊은이들 거리로 변신한 것은 불과 몇 년 사이다. 입소문을 타고 개성 있는 젊은이들이 하나둘 모여 가게를 열어 오늘과 같은 핫 플레이스가 되었다.

황리단길은 하루가 다르게 가게들이 들어서 맛집 또한 너무 다양하다. 지면상 모두 소개할 수 없어 몇 집만 소개하고 개성에 따라 맛집 아이 쇼핑해 보시기를 권한다.

이 책에는 아주 특별한 곳 이외는 한식 위주로 소개한다. 그리고 메뉴와 가격은 계절과 가게 사정에 따라 변동이 있을 수 있음을 밝혀둔다.

## 아니마
· **주소**: 경상북도 경주시 포석로1068번길 27
· **찾아가는 길**: 대릉원 주차장에서 25시 사잇길 바로 입구에 위치

· **영업시간**: 17:00 시작

· **주차**: 대릉원 주차장 or 숭혜전 주차장

· **특징**

- 세계 3대 요리대학인 미국 뉴욕 CIA 대학을 부부가 같이 졸업한 특별한 부부 쉐프다.

- 아니마에서 대릉 갈비, 피자옥도 같이 운영한다.

## 대릉 갈비

· **주소**: 경상북도 경주시 포석로1068번길 27, 1층

· **영업시간**: 12:00~21:30 / 브레이크타임 15:00~17:00 / 주말은 브레이크 타임 없음

· **특징**

- 고깃집 같지 않은 분위기의 한옥이다.

- 육질이 좋으니 당연히 맛도 좋아 1인 분 더 먹고 싶은 느낌이다.

- 식사로 냉면, 볶음밥, 된장찌개도 짜지 않고 먹을 만하다.

- 일반 고깃집과 차원이 다른 집. 맛도 가성비도 좋다.

- 주말 웨이팅을 예상해야 한다.

· **메뉴**

- 생 꽃갈비(100g) 12,800원

- 양념 꽃갈비(100g) 12,800원

- 양념 갈빗살 11,800원

- 생갈빗살 11,800원

- 한우육회 20,000원

- 육회 물냉면 15,000원

- 물냉면 7,000원

- 갈비 철판 볶음밥(2인) 13,500원

- 비빔회냉면 7,000원

- 차돌 뚝배기 된장찌개 3,000원

# 피자옥

· **주소**: 경상북도 경주시 손효자길 1

· **찾아가는 길**: 피자옥 바로 앞에 고려 시대 효
자 손시양 효자비가 있음

· **영업시간**: 11:00~21:30 / 브레이크타임
15:00~17:00 / 주말, 공휴일은
브레이크타임 없음

· **주차**: 갓길 적당한 곳에 주차

· **특징**

  - 브랜드 가맹점 피자와는 확실히 다른 느낌의 맛

  - 모든 재료와 소스는 당일 숙성, 수제로 만든다.

  - 피자집이지만 메뉴가 다양해 한 끼 식사로도 충분하다.

  - 경주에서 먹은 것 중에 제일 맛있었다는 지인이 있다.

  - 가성비 굿. 배달주문 가능

· **메뉴**

  - 피자+루꼴라 샐러드 세트+콜라(1~2인분) 21,000원

  - 피자+감자튀김+콜라(1~2인분) 22,000원

  - 피자+바팔로잉(8pcs)+콜라(2인분) 23,000원

  - 피자+파스타(리조또 포함)+콜라(2인분) 32,000원

  - 피자+부챗살 스테이크+콜라(2인분) 39,000원

  - 마르게리타 16,000원

  - 페퍼로니 17,000원

  - 트리플 비스마르크 18,000원

  - 고르곤 졸라 월넛 16,000원

  - 하와이안 17,000원

# 황촌

· **주소**: 경상북도 경주시 첨성로73번길 12

· **영업시간**: 11:00~21:00

· **주차:** 주차장 보유

· **특징**

- 조선 왕조 궁중 음식 제38호 기능 이
수자가 운영하는 곳이다.

- 남녀노소 누구나 즐길 수 있는 메뉴로
조선 왕조 궁중 음식의 맛과 야들야들
하고 쫄깃한 식감의 갈비찜과 현대인
의 입맛에 맞는 육개장, 갈비가 들어
간 게 맵고 달달한 떡볶이도 맛있다.

- 매장이 깨끗하고 음식이 정갈하다. 가성비 대비 약간 양이 적다고 생
각할 수도 있다.

· **메뉴**

- 전통 갈비찜 32,000원

- 양념 갈비찜 32,000원

- 육전 15,000원

- 가리 볶기 20,000원


# 황남 칼국수

· **주소:** 경상북도 경주시 봉황로 40-1

· **영업시간:** 11:00~20:00 /

　　　　정기휴무 (매주 토요일)

· **특징**

 - 현지인 맛집이다.

 - 매장이 청결하고 재료가 신선하다.

 - 칼국숫집이 거기서 거기지만 소문난
   집이다.

· **메뉴**

 - 콩국수 8,000원

 - 들깨칼국수 8,000원

 - 황남칼국수 8,000원

 - 얼큰이칼국수 8,000원

## 코야

· **주소**: 경상북도 경주시 금성로 335-4

· **영업시간**: 11:30~20:00 /

　　　　　　브레이크타임 15:00~17:00 /

　　　　　　토요일 11:30~15:00 /

　　　　　　일요일 휴무

· **주차**: 골목 주차

· **특징**

 - 현지인에게 소문난 집이다.

 - 매장 분위기도 깔끔하고 음식도 정갈하고 양도 많다.

- 자가 제면으로 면발이 쫄깃하고 식감이 다르다.

- 세트 메뉴 추천. 가성비 굿.

· **메뉴**

- 코야 세트 메뉴 12,000원

- 붓카케 세트 12,000원

- 코야 우동 7,500원

- 붓카케 우동 8,000원

- 냉 메밀 8,000원

- 수제 돈가스 10,000원

# 황남 비빔밥

· **주소**: 경상북도 경주시 첨성로73번길 11

· **찾아가는 길**: 황리단길 황남파출소 뒷길 쪽

경주 교동쌈밥 옆 골목

· **영업시간**: 11:00~22:00

· **특징**

- 양이 넉넉하고 비주얼도 굿.

- 육회, 갈비, 꼬막 비빔밥은 토핑 양도

많고 MZ세대 입맛을 저격한다.

- 음식도 매장도 깔끔하다.

- 웨이팅은 각오해야 한다.

· 메뉴

- 육회 꼬막 비빔밥 32,000원

- 육회 갈비 비빔밥 32,000원

- 꼬막 갈비 비빔밥 32,000원

- 육회 물회 13,000원

- 황남 스페셜(꼬막+육회+갈비 비빔밥) 36,000원


# 놋전 국수

· **주소**: 경상북도 경주시 첨성로 55-8

· **영업시간**: 11:00~19:00 /

　　　정기휴무 (매주 화요일)

· **특징**

- 옛날 놋전 길 허름한 집에 몇 가지 메
 뉴로 할머니와 할아버지가 운영하시
 던 집인데 관광객이 늘면서 입소문으
 로 장사가 잘돼 지금의 장소로 옮겼다.

- 주문하면 그 자리에서 국수를 삶기 때문에 조금 기다려야 한다.

- 투박한 양은 그릇에 담겨나오는 국수에 김치와 김 가루, 호박, 양념장
 이 올라가 있다. 파전, 막 썰어 회도 막걸리 안주하기 딱 맞다. 멸치
 육수의 향도 좋다.

· 메뉴

- 잔치국수 5,000원

- 비빔국수 6,000원

- 회국수 8,000원

- 파전, 부추전 각 10,000원

- 빈대떡 3장 13,000원

- 칼국수 6,000원

- 횟밥 10,000원

- 도토리묵 13,000원

## 대화만두

· **주소**: 경상북도 경주시 포석로 1093

· **영업시간**: 11:00~20:00

· **특징**

- 경주에서 소문 난 전통 만둣집 2호점
  이다.
- 매장에서 대릉원이 보여서 능을 보면
  서 먹으면 좋다.
- 손만두라서 소도 듬뿍 들고 튀김 피가
  고소하다.
- 떡볶이는 적당하게 매워서 아이들도 잘 먹을 수 있다.
- 맵지 떡볶이+모임 만두+참치 비빔밥 조합은 양이 많아서 두 명이 충

분하다. 가성비가 좋다.

· **메뉴**

  - 비빔 만두 7,500원

  - 쫄면 7,500원

  - 고기만두 6,000원

  - 즉석 라뽁기 8,000원

  - 튀김만두 6,000원

  - 김치만두 6,000원

  - 탕수만두 7,000원

  - 시골 만둣국 7,500원

  - 우동 7,000원

  - 새우튀김 우동 7,000원


## 도솔마을

· **주소**: 경상북도 경주시 손효자길 8-13

· **찾아가는 길**: 내남사거리 천마총 부근에 위
치. 천마총 돌담길 중간쯤. 집
앞 주차장이 협소하여 노동 공
영주차장이나 대릉원 주차장에
주차하고 걸어가는 것이 편함

· **영업시간**: 11:00~21:00 /

브레이크 타임 15:00~17:00 / 정기휴무 (매주 월요일, 화요일)

· **특징**

- 140년 된 한옥과 정성이 깃든 다양한 반찬의 한정식을 제공한다.

- 너무 많은 대기시간을 줄이기 위해 당일 예약은 받지 않는다.

- 경주 문예인 분들이 즐겨 찾는 곳이다.

- 가격대비 푸짐하다.

· **메뉴**

- 수라상 정식 12,000원

- 모둠전 15,000원

- 옛날 불고기 15,000원

- 파전 15,000원

- 빈대떡 15,000원

- 가오리무침 15,000원

- 두부김치 15,000원

- 가자미구이 15,000원


# 꽃길만걸으새우

· **주소**: 경상북도 경주시 포석로1068번길 10

· **찾아가는 길**: 황남 금고 가는 길

· **영업시간**: 11:00~21:00 / 브레이크타임

　　　　　 15:00~17:00 / 정기휴무

(매주 화요일)

· **특징**

   - 경주 황리단길 밥도둑 해물 모둠장

     맛집이다.

   - 식사 시간에 가면 웨이팅이 있다.

   - 목화솜탕수새우랑 칠리새우가 맛있다.

· **메뉴**

   - 해물 모둠장 16,000원

   - 새우 막창 구이와 일본식 삼겹살 조림 16,000원

   - 트리플 제면 감자전 14,000원

   - 시리얼 새우 14,000원

   - 스위트 칠리새우 14,000원

   - 제주 딱새우 차돌순두부찌개 15,000원

   - 목화솜탕수새우 18,000원

## 온천집

· **주소**: 경상북도 경주시 사정로57번길 13

· **영업시간**: 11:30~21:30 / 브레이크타임 15:00~17:00 /

               주말, 공휴일은 브레이크타임 없음

〈평일〉

· 런치타임(11시) 매직패스: 11시부터 13시까지 입장

· 디너타임(17시) 매직패스: 17시부터 19시

까지 입장

〈주말〉

· 주말 매직 패스: 11시부터 19시까지 입장 /

도착 즉시 웨이팅 1번이

되는 상품 / 선착순 5팀 마감

· 특징:

- 고즈넉한 한옥에서 온천 샤부샤부를
즐길 수 있다.

- 한국의 소울 푸드인 된장 베이스의 사골 육수와 열두 가지 채소를 정
성스럽게 담아서 준다.

- 든든한 한 끼가 되도록 큼지막한 소고기 스테이크를 올린 덮밥, 세계
3대 진미인 송로버섯 기름을 사용한 트러플 튀김 덮밥까지 깔끔한 분
위기를 좋아하는 이들에게 추천한다.

· 메뉴

- 온천집 1인 된장 샤브샤브 19,000원

- 비프스테이크 정식 25,000원

- 북해도식 얼큰한 샤브샤브 19,000원

- 트러플 튀김 덮밥 18,000원

- 로스트비프 스테이크 덮밥 25,000원

## 황남빵

· **주소**: 경상북도 경주시 태종로 783

· **영업시간**: 08:00~22:00

· **특징**

　- 1939년 경주시 황남동 30번지에서 시작했다.

　- 황남빵의 창업주 故 최영화 옹. 최영화 빵도 같은 집안 뿌리이다.

　- 전국 택배 주문도 가능하다.

## 이상복 경주빵

· **특징**

　- 황남빵의 장인 이상복 씨가 1968년부터 빚어온 빵이다.

　- 이상복 빵, 계피 빵, 찰보리빵이 있다.

## 단석가찰보리빵

· **주소**: 경상북도 경주시 금성로 237

· **영업시간**: 08:00~22:00

· **특징**

　- 경주 찰보리빵의 원조다.

　- 보리쌀 소비가 줄어 경주 농산물 찰보리 소비 촉진을 위해 개발한 빵

이다.

- 본점은 서라벌 문화회관 맞은편 코너에 있다.

· **메뉴**

- 찰보리빵 20개 1박스 16,000원

- 찰보리빵 30개 1박스 24,000원

- 찰보리빵 10개 8,000원

- 찰보리빵 5개 4,000원

# 카페 능

· **주소**: 경주시 포석로1068번길 3

· **영업시간**: 10:00~22:00

· **특징**

- 루프탑 이용하기에도 좋다.

- 매장 1, 2층 인테리어가 예쁘게 꾸며져 있어서 실내도 이용하기 좋아
  쉬어가기 좋다.

· **메뉴**

- 아메리카노, 에스프레소 Hot 5,000원

- 카페라떼 5,500원

- 바닐라라떼 Hot 6,000원 외

# 고도 커피

· **주소**: 경상북도 경주시 손효자길 22

· **찾아가는 길**: 대릉원 돌담길 옆 황리단길에 위치

· **영업시간**: 11:00~19:00

· **주차**: 주차장 없음. 대릉원 주차장 이용

· **특징**

   - 경주 대릉원 돌담길 옆에 있어 대릉원 뷰를 보며 커피를 즐길 수 있다.

· **메뉴**

   - 아메리카노 4,500원

   - 카페라떼 5,500원

   - 플랫 화이트 5,000원

   - 바닐라라떼 6,000원

# 경주 시내

## 영양 숯불갈비

· **주소**: 경상북도 경주시 봉황로 79

· **찾아가는 길**: 경주법원 옆 골목, 경주문화원
　　　　　　바로 옆에 위치

· **영업시간**: 10:30~21:00 / 브레이크타임
　　　　　　15:00~17:00

· **주차**: 주차장 보유

· **특징**

　- 경주의 대표 고깃집이다. 1971년부터
　　오직 한우 갈빗살만 전문으로 영업해온 경주 최고의 숯불갈비로 유명
　　하다.

　- 어린이, 어른 모두의 입맛에 맞다.

　- 고기는 12시간 저온 냉장 숙성한다.

　- 주말 대기가 있을 수 있다.

· **메뉴**

　- 한우 갈빗살 양념구이 110g 24,000원

　- 한우 치마살 양념구이 110g 27,000원

　- 한우 갈빗살 소금구이 110g 24,000원

　- 한우 치마살 소금구이 27,000원

## 평양냉면집

· **주소**: 경상북도 경주시 원효로 109-2

· **영업시간**: 11:00~21:30

· **주차**: 대왕극장 옆 주차장 이용 또는 주위

　　　사설 주차장 이용, 갓길 주차

· **특징**

- 65년 이상 냉면을 전문으로 영업해 온
  냉면 전문점이다.
- 경주 토박이들은 '냉면' 하면 바로 이
  집이다.
- 대표 메뉴는 메밀가루에 고구마 전분을 섞어 뽑은 평양식 냉면이고,
  고구마 전분으로 가늘게 뽑은 면 위에 매콤달콤한 양념장을 얹어주
  는 함흥식 냉면이 주메뉴다. 대체로 15,000원 세트 메뉴를 많이 주
  문한다.

· **메뉴**

- 소 양념갈비 24,000원
- 함흥식 냉면 10,000원
- 평양식 냉면 10,000원
- 물만두 3,000원
- 소 떡갈비+냉면 15,000원
- 돼지 양념갈비 10,000원
- 특 갈비탕 12,000원

## 밀면식당

· **주소**: 경상북도 경주시 태종로791번길 9

· **찾아가는 길**: 황리단길에서 차로 한 3~5분

　　　　　　　정도 거리에 위치

· **영업시간**: 11:00~20:00

· **주차**: 주차는 근처 알아서 해야 함

· **특징**

　- 50년 이상 밀면을 전문으로 영업해 온

　　경주 밀면 전문점이다.

　- 주말은 물론 여름철은 평일도 대기가 있다.

　- TV 프로그램에 자주 소개된 곳이다.

· **메뉴**

　- 물면 7,000

　- 물밀면 곱빼기 8,000원

　- 비빔면 7,000

　- 비빔면 곱빼기 8,000원

　- 손만두 5,000원

## 백리향(중국인이 운영하는 중국집)

· **주소**: 경상북도 경주시 황성로69번길 13-7

· **특징**

- 중국인이 운영하는 집이다.

- 음식이 깔끔하고 맛있고, 매장이
  청결하다. 단체석 방이 깔끔하다.

- 중식을 좋아하는 이들은 후회하지
  않을 것이다.

- 2~5인 세트 메뉴가 다양하다.

· **메뉴**

- 유니짜장 7,000원

- 짬뽕 8,000원

- 탕수육(대) 27,000원, 탕수육(소) 19,000원

## 소문각

· **주소**: 경상북도 경주시 화랑로22번길 17

· **찾아가는 길**: 시외 터미널 뒷골목

· **영업시간**: 17:00~02:00 / 매주 일요일 휴무

· **주차**: 주차장 없음. 갓길 알아서 주차해야 함

· **특징**

  - 맛과 가성비로 소문난 집이다.

  - 탁자가 5개뿐이라 예약하지 않으면
    기다려야 한다.

· **메뉴**

- 짜장면 4,500원

- 탕수육 8,900원

- 삼선짬뽕 6,000원

- 유린기 16,900원

# 다인 매운 등갈비찜

· **주소**: 경상북도 경주시 원화로181번길 25

· **찾아가는 길**: 황리단길에서는 조금 벗어난 곳
   이다.

· **영업시간**: 11:00~21:00

· **주차**: 바로 앞에 공영주차장 있음

· **특징**

 - 볶은밥을 좋아하지 않는 사람들은 치
   즈볶음밥이 맛있다고 한다.

 - 고기가 야들야들하고 잘 발라지고 적당히 매워 먹기 좋다. 또 먹고 싶
   은 집이다.

· **메뉴**

- 매운맛/중간맛/순한맛 매운등갈비찜 1인분 15,000원

- 다인 삼겹살(100g) 6,000원

- 치즈볶음밥 3,000원

- 된장찌개 2,000원

# 장수 두부 마을

· **주소**: 경상북도 경주시 중앙로 68-7

· 영업 시간: 11:30~21:00 / 브레이크타임

       15:00~17:00 / 정기휴무(매달 1, 3

       번째 일요일)

· 특징

  - 두부 요리로 소문난 집이다.

  - 음식이 다양하고 건강식이다.

  - 두부를 좋아하지 않아도 다른 반찬도

    넉넉하여 누구나 좋아한다.

· 메뉴

  - 특송이순두부 정식+불고기 17,000원

  - 얼큰순두부 정식+불고기 12,000원

  - 들깨순두부 정식+불고기 13,000원

  - 흰색순두부 정식+불고기 12,000원

  - 두부보쌈 小 36,000원

# 명동쫄면

· **주소**: 경상북도 경주시 계림로93번길 3

· **영업시간**: 11:30~19:30 / 브레이크타임

       15:00~16:30 / 정기휴무 (매주 수요

일)

· **주차:** 주차장 없음. 주위 주차장 또는

　　갓길 주차

· **특징**

　- 화려하지 않고 소박한 집, 역사와

　　전통이 오래된 집이다.

　- 경주에서 '쫄면' 하면 이곳이다.

　- 평일에도 웨이팅이 있다.

· **메뉴**

　- 비빔 쫄면, 어묵 쫄면, 유부 쫄면, 냉 쫄면 모두 8,000원

# 가마솥 족발

· **주소:** 경상북도 경주시 봉황로 39-1

· **영업시간:** 10:40~20:00 / 매주 월요일 휴무

· **주차:** 가게 앞 사설 주차장 이용

· **특징**

　- 경주 소문 난 족발 맛집이다. 포장 배

　　달하는 것이 편하다. 가끔 재료가 소

　　진되기도 한다.

· **메뉴**

　- 족발(소/중/대) 29,000원~38,000원

- 쟁반국수(소소/소/중/대) 7,000원~15,000원

- 족발+보쌈(소/중/대) 33,000~43,000원

- 보쌈 정식 20,000원

# 돈앤콩부인

· **주소**: 경상북도 경주시 다불로 128

· **영업시간**: 11:30~22:00 / 브레이크타임

14:30~16:30 / 주말은 브레이크

타임 없음 / 정기 휴무(매주 월요일,

공휴일이 월요일인 경우 월요일 정상영

업 후 화요일 휴무)

· **특징**

- 베이스캠프는 예약 불가다. 실내는 예

약 가능하다.

- 김천 지례 흑돼지 전문점이다.

- 캠핑 온 기분으로 먹는 집이다.

· **메뉴**

- 베이스캠프 한판 세트(3인 이상) 119,000원

- 베이스캠프 2인 세트 64,000원

- 흑돼지 한근 세트 (600g) 60,000원

- 흑돼지 목살/오겹살 (150g) 16,000원

# 부산 가야밀면 전문점

· **주소**: 경상북도 경주시 태종로 801-11

· **영업시간**: 10:30~21:00

· **특징**

　- 매장이 넓다.

　- 주말에 웨이팅 없이 먹을 수 있다.

　- 밀면을 시키고 사리 추가는 비빔으로
　　시키면 두 가지를 다 맛볼 수 있다.

· **메뉴**

　- 밀면 6,000원

　- 비빔면 6,000원

　- 사리 1,500원

# 커피명가 보스케

· **주소**: 경상북도 경주시 현곡면 용담로 477-
　　　53

· **찾아가는 길**: 경주시 현곡면 푸르지오 아파트
　　　　단지 혹은 현곡 초등학교 근방
　　　　에 위치. 경주 시내에서 자차로
　　　　15분대의 거리에 있다. 주차장
　　　　이 넓다.

　해설사와 함께하는 스토리텔링 신라 이야기와 맛집 100선

· **영업시간**: 10:00~21:30

· **특징**

　- 작은 숲, 맑은 공기와 푸르름 속에서 커피, 제과점, 양식 레스토랑이 있다.

　- 황리단길을 벗어나 시원하고 여유롭게 즐길 수 있는 곳이다.

· **메뉴**

　- 아메리카노 5,000원

　- 말차 명가치노 6,000원

　- 딸기 케이크 7,500원

# 재래시장

경주 시내에는 구 경주역 앞 성동시장과 중앙시장(아랫시장)이 있다. 두 시장 모두 경주 전 노선의 시내버스로 갈 수 있다.

특색있는 가성비 좋은 맛집 몇 곳을 소개해 본다.

### 성동시장(윗 시장)

### 경주 뷔페식당

· **주소**: 경상북도 경주시 원화로281번길 11
　　　　성동시장(내)
· **찾아가는 길**: 성동시장 내에서 한식뷔페가 몰
　　　　려있는 곳. 공영주차장에 주차
　　　　하고 들어오면 바로 맨 앞에 사
　　　　장님 인심이 후한 뷔페식당(불국
　　　　사 한식뷔페)이 있다.

· **영업시간**: 20:00 영업 종료
· **주차**: 성동시장 공영주차장
· **특징**
　- 1인당 7,000원이다. 국은 소고깃국 또는 우거짓국 중 선택할 수 있고,
　　밥과 반찬은 마음껏 먹을 수 있다. 반찬은 여러 가지 시골 음식들이

모두 맛볼 수 없을 정도로 많다. 식사하면 무료 주차증을 준다.

- 식당 바로 근처에서는 순대, 김밥, 호박죽, 팥죽, 튀김, 도넛, 식혜 등 다양한 먹거리들도 저렴하게 먹을 수 있다. 호박죽, 팥죽은 8천 원이면 3~4명이 충분히 먹을 수 있다.

- 식사 후 시장 눈요기는 재미가 쏠쏠하다. 가성비 최고다.


## 보배 우엉 김밥

· **주소**: 경상북도 경주시 원화로281번길 11

　　　성동시장

· **특징**

- 연세 드신 할머니가 김밥을 말고 계신다.

- 특이하게 단무지 대신 우엉 조림을 준다.

- 관광객들에게 알음알음 유명해진 집이다.

# 경주 중앙시장(아랫 시장)

## 양북 식당 중앙시장 안

· **주소**: 경상북도 경주시 금성로 295

· **찾아가는 길**: 경주 중앙시장에는 토종한우 소
　　　　　머리곰탕을 하는 가게들이 모여
　　　　　있는 오픈 매장 구역이 있다. 식
　　　　　당들이 모여있으니 원하는 코너
　　　　　로 가면 된다.

· **주차**: 공영주차장 (식사하면 주차권을 준다.)

· **특징**

　- 고기가 푸짐하고 국물은 진짜 진하다.

　- 30년 전통이지만, 이보다 더 오래 한 집도 있다.

　- 다양한 반찬을 셀프로 고르고, 소 곰탕은 고기를 거의 두 배로 넣어
　　푸짐하다.

　- 경주에 방문했을 때, 중앙시장의 특색음식인 소머리곰탕 한 그릇은
　　괜찮은 선택이다.

　- 돼지 수육, 돼지국밥 등 다양한 메뉴도 있다.

· **메뉴**

　- 소머리곰탕 9,000원

　- 소수육 大 40,000원

　- 암뽕 20,000원

　- 암뽕국밥 10,000원

# 충효 닭집

· **주소**: 경상북도 경주시 원효로51번길 5
· **영업시간**: 10:00~20:00 /

        정기휴무 (매주 화요일)
· **주차:** 시장 공영주차장 이용
· **특징**

  - 경주 중앙시장(아랫시장) 오래된 전통 통닭집이다.

  - 옛날에는 종이 포대에 둘둘 말아 주든 투박한 집인데 맛집으로 소문이 나서 방송 타고 더 명성을 얻었다.

  - 가맹점보다 양념도 듬뿍, 양도 많다. 미리 전화 주문하고 시간 맞춰 가면 편하다.

· **메뉴**

  - 후라이드 19,000원

  - 닭강정 21,000원

  - 간장치킨 21,000원

  - 땡초치킨 21,000원

# 시장 활어회집

· 특징

- 공영주차장에서 바로 연결되는 문으
  로 들어가면 활어회 썰어 파는 집이
  보인다. 바닷가 횟집에서 먹는 것이
  랑 신선도나 품질 면에서 똑같다.
- 5~6만 원 정도면 5~6인 충분히 먹을
  수 있다. 바로 옆 초상집에서도 먹을
  수 있다. 채소, 초고추장도 판다. 광어
  는 1kg 2만 원 정도, 초고추장은 1병 천 원이다.
- 경주에서 1박 한다면 해변에 가지 않아도 먹을 만하다.
- 시외 버스터미널과 가까워 걸어서도 갈 수 있다.
- 오후 7시부터 젊은이들이 많이 찾는 포장마차 야시장이 있어 다양한
  먹거리들이 있다. 만원으로 다양한 먹거리 중 3가지를 골라 담을 수
  있다.

# 불국사 주변

## 산죽 한옥마을

· **주소**: 경상북도 경주시 불국로 156

· **특징**

- 불국사 입구에 한식당과 이탈리아식
  식당이 있다.
- TV 프로그램 〈알쓸신잡〉 촬영지이며
  넓고 깨끗하다.
- 밑반찬이 깔끔하고 음식이 다양하다.
- 물놀이 시설이 딸린 여러 채의 한옥
  펜션이 호텔급이며 부모님 모시기 좋은 곳이다.
- 식당 뒤에 민속박물관이 있고 주차장이 넓다.
- 코레일 관광 해랑 열차가 한동안 애용한 식당이다.
- 상차림이 접대받는 기분을 느끼게 한다.

· **메뉴**

- 생선구이 정식 29,000원
- 갈비찜 정식 33,000원
- 한우 떡갈비 정식 33,000원
- 꽃잎 코스 43,000원

# 가마솥 양푼이 밥상

· **주소**: 경상북도 경주시 북군3길 12-1

· **주차**: 주차장 보유

· **특징**

  - 비교적 환경이 깨끗하다.

  - 간장게장, 꼬막무침이 짜지 않고 맛있다.

  - 홀이 넓고 테이블도 많다.

  - 아침 식사가 가능하다.

· **메뉴**

  - 전복 쪽 갈비찜 小 32,000원

  - 꼬막+간장게장정식 15,000원

  - 전복 쪽 갈비찜 특대 55,000원

  - 전복 쪽 갈비찜 중 45,000원

  - 소고기 버섯전골 14,000원

# 장독대

· **찾아가는 길**: 불국사 로터리에서 불국사 방향

· **영업시간**: 20:30 영업 종료

· 주차장: 주차장 보유

· **특징**

- 불고기 뚝배기, 해물파전, 동동주 조
  합이 푸짐하다. 해물파전은 두툼하니
  맛있고 동동주도 깔끔하다. 이름처럼
  토속적인 메뉴다.

· **메뉴**

  - 청국장정식 9,000원

  - 순두부정식 20,000원

  - 장어정식 20,000원

  - 불고기버섯전골 13,000원

# 궁림 바지락 칼국수

· **주소**: 경상북도 경주시 새골길 193

· **찾아가는 길**: 보불로에서 불국사 가는 길
  오른편에 위치

· **주차**: 주차장 보유

· **특징**

  - 국내산 보쌈, 파전, 바지락칼국수로
    차림이 깔끔하다. 칼국수 국물이 시원
    하다.

  - 사장님이 친절하고 인테리어가 깨끗하며, 음식의 양이 많다.

· **메뉴**

- 바지락칼국수 9,000원

- 보쌈 35,000원

- 김치만두 5,000원

- 파전 20,000원


# 원조떡갈비

· **주소**: 경상북도 경주시 보불로 148

· **영업시간**: 20:00에 영업 종료

· **주차**: 주차 가능

· **특징**

　　- 홀이 깔끔하고 위생적이고 사장님이
　　　친절하다.

　　- 떡갈비가 입에 살살 녹는 맛이 일품
　　　이다.

　　- 아침 식사가 가능하다.

　　- 주말에는 웨이팅이 있다.

· **메뉴**

　　- 떡갈비+연잎밥 정식 25,000

　　- 대표 연잎밥 or 공깃밥 차돌박이 순두부 떡갈비 30,000원

　　- 치즈 떡갈비 정식 20,000원

　　- 떡갈비 정식 16,000원

## 콩이랑

- **주소**: 경상북도 경주시 보불로 97

- **영업시간**: 22:00 영업 종료

- **주차**: 주차장 보유

- **특징**

  - 김치 순두부, 청국장 순두부가 대표적
    인 가성비 식당이다.

  - 주말에는 항상 웨이팅이 있다.

- **메뉴**

  - 콩이랑 정식 11,000원

  - 4가지 찌개 中 택1+고추장불고기 무료

  - 황태구이 정식 11,000원

  - 돈까스 7,000원

  - 모둠전 7,000원

## 소문난 암뽕 수육

- **주소**: 경상북도 경주시 소정1길 11

- **찾아가는 길**: 불국사 로터리 옆 시장 안에 위치

- **영업시간**: 10:00~20:00

- **주차**: 시장 안 주차 가능

- **특징**

- 경주 토박이들에게는 유명한 집이다.
- 이곳 메뉴는 식사로도 소주 안주로도 굿이다. 뒷고기 암뽕(내장) 수육이 일품이다.
- 늦게 가면 재료가 없어서 영업 마감한다.

· **메뉴**

- 암뽕 수육 大 60,000원, 中 50,000원, 小 40,000원
- 곱창전골 大 44,000원, 中 33,000원

# 함양집

· **주소**: 경상북도 경주시 북군1길 10-1
· **찾아가는 길**: 보문 단지에서 불국사로 가는 보불로에서 경주민속공예촌 가기 전에 오른편에 위치
· **영업시간**: 10:30~21:00 / 브레이크타임 15:00~17:00 / 정기휴무(매주 수요일, 목요일)
· **특징**

- 주말에는 웨이팅이 있다.

· **메뉴**

- 전통 비빔밥 12,000원

- 한우 물회 13,000원

- 곰탕 9,000원

- 소고기국밥 9,000원

# 로데오 택사스 바비큐

· **주소**: 경주시 외동읍 영지로 636 1층 (경주 성

　　호 리조트 1층)

· **영업시간**: 17:00~24:00(라스트 오더 23:30) /

　　　연중무휴

· **특징**

- 훈제라서 기름이 적다.

- 수제 맥주와 스모크 치킨이 일품이다.

- 성호 리조트 객실 고객 5% 할인이고,

　당일 예약 가능하다.

- 다양한 종류가 있으나 대략 수제 맥주 ㎖당 19원이다.

- 브리스킷, 폴드포크, 스모크치킨, 스페어립, 베이비립, 사이드 3가지

　+ 빵 4개

# 토함산 밀면

· **주소**: 경상북도 경주시 구정1길 8

· **찾아가는 길**: 불국사 로터리 건너편

· **영업시간**: 10:30~20:00

· **주차**: 길 건너 주차 가능

· **특징**

  - 양이 많고 맛도 좋아 가성비가 좋다.

  - 불국사, 석굴암 갔다가 들리기 좋은 곳이다.

  - 한약재를 넣고 끓여 육수가 시원하고 밀면에 떡갈비를 같이 먹으면 환상의 조합이다.

  - 여름 주말은 항상 웨이팅이 있다.

· **메뉴**

  - 물밀면 7,500원

  - 비빔밀면 7,500원

  - 수제 떡갈비 5,000원

  - 물밀면 곱빼기 7,500원

# 고래등

· **주소**: 경상북도 경주시 외동읍 영불로 113

· **찾아가는 길**: 불국사 주차장에서 괘릉 가는 대로변에 위치

해설사와 함께하는 스토리텔링 신라 이야기와 맛집 100선

· **영업시간**: 영업 전 10:00~21:00 / 정기휴무

　　(매주 월요일)

· **주차**: 주차장 보유

· **특징**

　- 홀이 넓고 깨끗하고 잘 정리되어 있다.

　- 보리 굴비와 갈비가 맛있다.

　- 주차장이 넓고 부모님 모시기에 좋다.

· **메뉴**

　- 보리굴비 한정식 28,000원

　- 갈비찜 한정식 35,000원

　- 갈비찜 50,000원

　- 수육 50,000원

# 대릉원, 첨성대 주변

## 별채반 교동쌈밥

· **주소**: 경상북도 경주시 첨성로 77

· **찾아가는 길**: 황남초등학교 옆

· **주차**: 맞은편 공영주차장 또는 자체 주차장

· **특징**

- 별채반은 반찬도 하나같이 다 손이 가고 어느 것을 먹어야 할지 종류도 많고 맛도 일품이다. 야채 쌈이 정말 신선하다.

- 쌈밥 정식은 오리, 돼지, 소 중에 고르면 된다.

- 주말은 대기가 길다. 주말은 물론 평일도 예약하는 것이 좋다.

- 매장이 넓고 직원분들이 친절하다.

· **메뉴**

- 곤달비 비빔밥 12,000원

- 육부촌 육개장 12,000원

- 교동쌈밥 A (한우) 20,000원

- 교동쌈밥 B (오리) 17,000원

- 교동쌈밥 C (돼지) 17,000원

## 황남 맷돌순두부

· **주소**: 경상북도 경주시 놋전2길 3

· **찾아가는 길**: 대릉원 주차장 오른편 약 200m

· **영업시간**: 10:00~20:30 /

　　　　　정기휴무 (매주 화요일)

· **특징**

- 경주에서 오랫동안 자리를 지키며 다져진 손맛의 한식당이다.

- 두부를 직접 제작한다. 손맛으로 빚어내는 오랜 전통의 맷돌순두부다.

- 반찬이 정갈하고 다양하며 순두부 전골은 내용물이 푸짐하고 간도 심심한 건강식이다.

- 주말에는 예약 필수다.

- 아침 식사가 가능하다.

· **메뉴**

- 능이버섯두부전골 17,000원

- 해물순두부전골 13,000원

- 들깨순두부전골 13,000원

- 두부보쌈 大 42,000원, 中 27,000원

## 경주 원조콩국

· **주소**: 경상북도 경주시 첨성로 113

· **찾아가는 길**: 대릉원 주차장 오른편 100m

· **영업시간**: 05:00~20:00 /

　　　　　정기휴무 (매주 일요일)

· **특징**

　- 국산 콩으로 직접 콩국, 순두부를

　　만들어서 고소하다.

　- 40년 넘는 전통 콩국 집이다.

　- 아침 식사가 가능하다.

· **메뉴**

　- 따뜻한 콩국1 검은깨, 검은콩, 꿀, 찹쌀도너츠 7,000원

　- 따뜻한 콩국 2 참기름, 들깨, 계란노른사, 흑설탕 6,000원

　- 따뜻한 콩국 3 찹쌀도너츠, 들깨, 계란노른자, 흑설탕 6,000원

　- 콩국수 8,000원

　- 냉우무콩국 7,000원

　- 순두부찌개 10,000원

　- 생콩우거지탕 10,000원

　- 생콩해물파전 10,000원

# 신라전복

· **주소**: 경상북도 경주시 원화로181번길 13-2

· **찾아가는 길**: 첨성대 맞은편 편의점 골목으로
　　　　　　들어가면 넓은 무료 공영주차장
　　　　　　앞에 위치

· **영업시간**: 11:30

· **특징**

　- 전복 전문 요릿집. 새콤달콤 물회가
　　맛있는 집이다.

　- 신라전복은 자극적이지 않으면서 중독성 있게 맛있다.

　- 전복도 많이 들어있고 양도 많아서 둘이 먹기 충분하다.

　- 매장이 깔끔하고 넓은 한옥이다.

　- 연인들은 물론 가족, 부모님 모시기도 좋은 메뉴다.

· **메뉴**

　- 전복내장솥밥 16,000원

　- 전복내장죽 15,000원

　- 전복구이 30,000원

　- 전복필라프 15,000원

　- 전복물회 15,000원

　- 신라가복 45,000원

　- 신라전복 40,000원

　- 신라돈가스 12,000원

## 숙영식당

· **주소**: 경상북도 경주시 계림로 60

· **찾아가는 길**: 대릉원 돌담길에 위치

· **영업시간**: 11:00 영업 시작 /

　　　　　　브레이크타임 15:00

· **특징**

　- 30년 전통 집밥 같은 토속적인 식당
　　이다.

　- 찰보리밥에 갖가지 나물에 이 집만의
　　특이한 된장찌개에 쓱쓱 비벼 먹는 맛이 일품이다.

　- 편안한 집 분위기이며, 소주보다 막걸리가 잘 어울리는 집이다.

· **메뉴**

　- 찰보리밥 정식 10,000원

　- 파전 10,000원

　- 나홀로 정식 11,000원

　- 우렁이와 더덕무침 20,000원

　- 대구포찜(예약 한정) 30,000원

## 동화매운탕

· **주소**: 경상북도 경주시 천원2길 11

· **찾아가는 길**: 경주 교촌 한옥마을 월정교 건너 월정교 공영주차장 바로 앞에 위치

· **특징**

- 20년 전통의 돌솥 밥, 민물매운탕집
  이다.
- 골동품이 많아 고풍스러운 옛 분위기
  를 맘껏 즐길 수 있다.

· **메뉴**

- 잡어매운탕 14,000원
- 메기매운탕 14,000원
- 도리뱅뱅이 10,000원
- 장어구이 30,000원

# 요석궁

· **주소**: 경상북도 경주시 교촌안길 19-4
· **영업시간**: 12:00 영업 시작
· **특징**

- 신라 무열왕 때 요석공주가 살았다는
  요석궁 터에 자리 잡고 있어서 전통
  정원 뷰와 한옥 분위기에 압도당하는
  느낌의 한식집이다.
- 한복 차림의 종업원이 친절하고 계절
  음식이 정갈하다.

- 외국 손님이나 부모님 모시기 좋은 곳이다.

· **메뉴**

- Dinner 1인 180,000원

- 자미 滋味 (중식) 69,000원

- 천미 天味 (석식) 120,000원

# 해가담

· **주소**: 경상북도 경주시 중앙로 12

· **찾아가는 길**: 황리단길 길 건너 신라 대종 옆
길로 50m에 위치

· **주차**: 가게 옆에 유료 주차장 있음

· **특징**

- 봉황대를 마주 보며 먹는 해물 메뉴.
시원 칼칼한 해물라면과 해물 칼국수
도 맛있지만, 바사삭하고 오징어와 새
우가 듬뿍 들어간 해물파전도 맛있다.

- 신선한 해물이 듬뿍 담겨있어 어린이도 좋아할 메뉴다.

· **메뉴**

- 해가담 특 해물칼국수 15,000원

- 해가담 특 해물라면 15,000원

- 해가담 칼국수 8,500원

- 해가담 라면 8,500원

- 해물파전 13,000원

- 독도새우 회+조개탕(소) 70,000원

## 백년손님

· **주소**: 경상북도 경주시 포석로 1050번길 32

· **찾아가는 길**: 구 황남초등학교 쪽문 남부교회
　　　　　옆 골목. 2층 한옥 건물 1층에
　　　　　위치

· **특징**

- 1993년부터 황남동에서 마음 편한 로
컬 맛집으로 알려진 곳이다. 불 향이
솔솔 나는 석쇠불고기 맛집이다.

- 식사를 주문하면 된장찌개도 주는데 가격이 싸고 아이들도 어른도 편
하게 먹을 수 있다.

· **메뉴**

- 소 석쇠 구이 정식 12,900원

- 돼지 석쇠 구이 정식 9,900원

- 생선구이 정식 9,000원

- 돼지 석쇠+잔치국수 13,000원

# 경주 주꾸미

· **주소**: 경상북도 경주시 첨성로 105

· **찾아가는 길**: 첨성대 삼거리에 북쪽 300m 위
　　　　　　치. 경주 교촌 한옥마을 삼거리,
　　　　　　(구) 황남초등학교 옆, 황리단길
　　　　　　공영주차장 앞

· **특징**

- 매운 음식을 먹고싶을 때 딱 좋은 곳
　이다.

- 기호에 따라 피자랑 같이 먹어도 좋은 조합이다.

- 세트 메뉴 구성이 좋아 가성비도 좋다.

- 매콤하니 계속 당기는 맛이다.

- 위치도 좋고 사이드 요리도 다양해서 골라 먹는 재미도 있다.

· **메뉴**

- 쭈꾸미 A, B, C 세트, 쭈제육 A, B, C세트 등 인원에 따라 메뉴 구성
　이 다양하다.


# 백조식당

· **주소**: 경상북도 경주시 첨성로 81번길 31 2층

· **영업시간**: 21:00 영업 종료

· **주차**: 갓길 주차

· **특징**

  - 경주를 기반으로 둔 정갈한 한식점이
    다. 사회적 거리두기 시대가 되어버린
    요즘 정갈하고 단아한 개인 한 상 차
    림을 느낄 수 있다.

· **메뉴**

  - 백조 한상 14,000

  - 참치 아보카도 한상 13,000원

  - 참치 듬뿍 한상 13,000원

  - 양념석쇠구이 한상 12,000원

# 황남경주식당

· **주소**: 경상북도 경주시 포석로1068번길
        22-1

· **영업시간**: 11:30~22:00 / 브레이크타임
          15:00~17:00

· **특징**

  - 100년 고택에서 먹는 동네 고깃집이다.

  - 고기가 구워져서 나오니 옷에 냄새 밸
    염려는 없다.

- 소고기, 삼겹살, 목살 여러 부위를 같이 먹을 수 있다.

- 된장찌개도 꽃게가 들어가서 아주 시원하다.

- 오후 6시부터는 웨이팅이 있다.

· 메뉴

　- 목살 카레덮밥 11,000원

　- 고기 큰상 48,000원

　- 목살 정식 13,000원

　- 고기 한상 38,000원

# 황남홍가

· **주소**: 경상북도 경주시 첨성로81번길 28-13

· **찾아가는 길**: 황남동 주민자치센터 주차장 코너

· **영업시간**: 11:00~21:00 /

　　　　　브레이크타임 15:00~17:00

· 특징

　- 청결하고 친절하다.

　- 개방형 주방에 깔끔한 쉐프의 솜씨를
　　볼 수 있다.

　- 가격이 센 편이지만, 음식을 맛보면 이해가 간다.

· 메뉴

　- 홍가 초밥 24,000원

- 황남 초밥 20,000원

- 광어 초밥 22,000원

- 후토마키 15,000원

# 분황사, 선덕여왕릉 주변 ————

## 수석정

· **주소**: 경상북도 경주시 내리길 41

· **주차**: 주차장 보유

· **특징**

- 한정식 코스요리 전문 식당이다.

- 부모님 모시기 좋은 집이다. 고급스러
  운 놋그릇으로 대접받는 느낌이다.

- 소주보다 동동주를 마셔야 분위기가
  더 어울릴 것 같은 집이다.

- 좌식 탁자라 허리가 불편하신 분은 좀 불편할 수 있다.

- 정원수와 수석 수집, 사진을 찍는 주인장의 작품들이 내부에 전시되
  어있다.

· **메뉴**

- 수제 떡갈비 정식 22,000원

- 주인상 27,000원

- 수라상 35,000원

- 궁중비빔밥 16,000원

# 벤자마스

· **주소**: 경상북도 경주시 윗동천길 2
· **특징**

  - 황리단길의 복잡함을 벗어나 조용히
    차 한잔하며 얘기 나누기 좋은 곳이다.
  - 경주의 숨은 보석 같은 카페다. 강변
    이라 확 트인 느낌으로 부담 없이 들
    릴 수 있는 곳이다.
  - 3동의 건물이 각각 특색이 있고, 같이
    운영하므로 편한 곳에 들어가면 된다.
  - 주차장이 넓어 주차하기 편하다.

· **메뉴**

  - 아메리카노 5,000원
  - 카페라떼 5,000원
  - 벤자마스 브런치 10,000원
  - 치아바타 클래식 샌드위치 11,000원
  - 프렌치 토스트 9,000원.
  - 청포도 과일쥬스 6,000원
  - 더치 아메리카노 6,000원

# 어마무시 카페

· **주소**: 경상북도 경주시 양정로 41-12

· **찾아가는 길**: 첨성대, 안압지, 대릉원, 황리단
　　　　　　길에서 5분 거리. 분황사 가는
　　　　　　길 선덕여고 맞은편에 위치

· **특징**

　- 티라미수 맛집이다.

　- 주차장이 넓고 속이 탁 터지는 넓은
　　공간이다.

· **메뉴**

　- 티라미수 6,900원

　- 아메리카노 4,500원

　- 더치커피 5,000원

　- 카페라떼 5,000원

# 김유신장군묘 주변

## 석하한정식

· **주소**: 경상북도 경주시 흥무로 51-14

· **찾아가는 길**: 장군 묘 가는 벚꽃 길 중간쯤 왼
  편에 위치

· **영업시간**: 12:00~21:30

· **주차**: 주차장 보유

· **특징**

  - 돌솥밥에 구성 메뉴가 깔끔하고 육,
    해, 공으로 다양하여 모두 소개할 수
    없을 정도다.

  - 조금 비싸다고 생각할 수 있으나 평일 점심 특선 메뉴는 가성비가
    좋다.

  - 손님 접대나 부모님 모시기 좋은 곳이다.

· **메뉴**

  - 석하 특선 70,000원

  - 석하 정일품 55,000원

  - 석하 정이품 40,000원

  - 석하 정삼품 30,000원

  - 굴비 정식 23,000원

  - 월~금 점심특선 17,000원

# 올리앤

· **주소**: 경상북도 경주시 충효동 50-3

· **영업시간**: 11:00~21:00 / 매월 1번째 화요일

　　　　　정기 휴무

· **주차**: 주차장 보유

· **특징**

　- 홀이 넓고 깔끔하다.

　- 연인끼리 가족끼리 방문하기 좋은 곳

　　이다.

　- 음식을 로봇이 배달해 준다.

　- 가성비가 좋다.

　- 주차하기 편하다.

· **메뉴**

　- 수제 리코타 망고 샐러드 17,900원

　- 자이언트 갈릭페퍼 스테이크 A 26,900원

　- 몬스터 패밀리 플레이트 64,900원

　- 빠네크림 파스타 15,900원

　- 항아리 누룽지 해산물 파스타 15,900원

# 연화바루

· **주소**: 경상북도 경주시 대경로 4827

해실사와 힘께하는 스토리텔링 신라 이야기와 맛집 100선

· **찾아가는 길**: 무열왕릉에서 국도 따라 북쪽으
로 약 500m에 위치

· **영업시간**: 12:00~21:00 / 정기휴무(매달 2, 4
번째 월요일)

· **주차**: 주차장 보유

· **특징**

  - 사찰음식 전문점이다.

  - 고기 없이도 맛있게 먹을 수 있는
    집이다. 차림이 정갈하다.

· **메뉴**

  - 산채 비빔밥 8,000원

  - 녹두 빈대떡 10,000원

  - 바루 특정식 18,000원

  - 탕수이 15,000원

  - 감자 빈대떡 10,000원

## 에덴동산

· **주소** : 경상북도 경주시 충효천길 38-6

· **찾아가는 길**: 경주여자중학교 후문에서 삼정 그린뷰 방향 50m

· **영업시간**: 11:00~23:00 / 매주 목요일 휴무

· **특징**

- 연인, 가족끼리 방문하기 좋다.

· **메뉴**

- 돈까스 13,000원

- 치즈돈까스 15,000원

- 소고기크림파스타 14,000원

- 새우필라프 13,000원

- 벨기에 와플 7,000원

- 생자몽주스 7,000원

## 용궁단골식당

· **주소**: 경상북도 경주시 충효녹지길 30

· **영업시간**: 10:00~21:20 /

　　　　정기휴무(매주 화요일)

· **특징**

- 신라면 정도의 맵기라 약간 매울 수
  있지만 매운 음식 좋아하는 사람에게
  는 소주 안주로도 제격이다.

- 양념이 감칠맛 나서 매콤한 불향의 오

  징어불고기가 주메뉴다. 순대국밥도 인기 메뉴다.

- 소주 안주로도, 식사로도 가볍게 먹을 수 있는 식당이다.

# 인터폴 커피

· **주소**: 경상북도 경주시 태종로 446-2

· **특징**

- 인공 폭포가 시원하고 전망이 좋은
  카페다.
- 주차가 편하다.

# 서남산 주변

## 평창강매운탕

· **주소**: 경상북도 경주시 포석로 762

· **영업시간**: 11:00~21:00 /

  정기휴무 (매주 월요일)

· **주차**: 주차장 보유

· **특징**

  - 민물매운탕을 좋아하는 사람은 한
    번쯤 먹을 만한 곳이다. 가격도 적당
    하다.

  - 호, 불호가 갈리지만 민물매운탕을 좋아하는 사람에게는 가성비가 좋
    은 편이다.

  - 펜션을 같이 운영한다.

· **메뉴**

  - 평창탕 15,000원

  - 잡어탕 12,000원

  - 매기탕 12,000원

  - 어탕 8,000원

  - 파전 10,000원

  - 메밀전병 12,000원

# 남정부일기사식당

· **주소**: 경상북도 경주시 배리1길 3

· **찾아가는 길**: 경주 교도소 옆

· **영업시간**: 09:00~20:00

· **특징**

 - 시골집을 개조한 그야말로 편안한 분
  위기의 서민 식당이다.

 - 짜글이 찌개를 쓱쓱 비벼 먹는 곳이다.

 - 원래 기사식당이 소문이 나서 갈 때마
  다 바글바글하다.

· **메뉴**

 - 짬뽕(돼지+낙지) 10,000원

 - 낙지볶음 10,000원

 - 돼지볶음 10,000원

 - 김치찌개 9,000원

# 부성식당

· **주소**: 경상북도 경주시 포석정길 3

· **영업시간**: 11:00~20:00 /

　　　　　정기휴무 (매주 화요일)

· **주차**: 주차장 보유

· **특징**

- 텃밭에서 직접 기른 야채로 만든 반
  찬으로 비벼 먹는 것이 특색인 한식
  당이다.
- 음식이 깔끔하고 정갈하다. 입맛 당기
  는 비주얼이다.

· **메뉴**

- 토속 보리밥 정식 11,000원
- 도토리묵 10,000원
- 해물파전 10,000원
- 땡초 부추전 5,000원

# 우리 집 순두부

· **주소**: 경상북도 경주시 내남면 틈수골길 1-1

· **영업시간**: 17:00에 종료 / 토요일 휴무

· **특징**

- 등산하고 먹으면 꿀맛이다. 음식 자체
  를 잘 만드는 곳이다.
- 부추전, 직접 제조한 두부가 일품이다.
- 두부와 부추전과 막걸리가 어울리는
  마음 편한 시골 음식을 맛볼 수 있다.

## 우범식당

· **주소**: 경상북도 경주시 탑동 637-4

· **특징**

- 민속자료 34호로 지정된 김호장군 고
  택에 위치한 한정식 전문점이다.
- 종부가 정성스레 차린 정갈한 음식
  이다.
- 신라 시대 쪽샘 우물이 마당 한쪽에
  있다.

· **메뉴**

- 우범한정식 1인 30,000원
- 간장게장 28,000원
- 신라주 9,000원

## 조아식당 집밥한정식

· **주소**: 경주시 내남면 포석로 435-8

· **찾아가는 길**: 경주 교도소 지나서 좀 더 가면

　　　　오른편에 위치

· **영업시간**: 11:00~20:00 / 정기 휴무(매달 1,

　　　　3번째 월요일)

· **특징**

　- 한식 뷔페식당이다.

　- 대형 한식뷔페에 비해서 규모가 작지

　만, 사장님 사모님 두 분이 직접 조리하여 맛은 뛰어나다.

　- 한옥으로 주차장이 넓다.

· **메뉴**

　- 집밥같이 맛있는 한정식 8,000원

　- 쭈꾸미정식(2인 이상) 1인분 12,000원

# 보문단지

## 전통맷돌순두부

· **주소**: 경상북도 경주시 숲머리길 111

· **찾아가는 길**: 보문 숲머리 식당 촌

· **영업시간**: 08:00~21:00

· **특징**

  - 경주 맛집으로 불리는 순두부 요리 전
    문점으로 너무나 잘 알려진 집이다.
  - 아침 식사가 가능하고 항상 손님이 많
    은 곳이다.

· **메뉴**

  - 순두부찌개 12,000원
  - 모두부(손두부) 한모 12,000원
  - 맑은순두부 12,000원
  - 두부전골 中 45,000원 大 60,000원
  - 파전 13,000원

# 우마왕 본점

· **주소**: 경상북도 경주시 보문동 33-81

· **영업시간**: 09:30~21:00 /

          정기 휴무 (매주 화요일)

· **특징**

   - 금액이 크게 부담스럽지 않고 양도 푸

     짐하고 맛이 있다.

   - 부모님 모시기도 좋고 어린이도 좋아

     한다.

   - 골프채 갈비는 일반 갈빗집과는 차원이 다르다.

   - 갈비찜은 매운맛이 삼 단계다.

   - 가성비가 좋다. 주말에는 무조건 웨이팅해야 한다.

   - 주차장이 넓고 전기차 충전을 할 수 있다.

· **메뉴**

   - 한우 물회 13,000원

   - 육회 비빔밥 13,000원

   - 골프채 갈비탕 보통 11,000원, 특 15,000원

   - 우마왕 신 갈비찜 1인분 22,000원

   - 낙삼갈비탕 18,000원

## 보문호반오리

· **주소**: 경상북도 경주시 보문로 132-16

　　　　호반오리

· **찾아가는 길**: 시내에서 보문 입구쪽 북군동 먹

　　　　거리촌에서 우측 콜로세움 2층

· **영업시간**: 11:00~21:00

· **특징**

　- 적당한 가격에 푸짐하게 먹을 수 있는

　　곳이다.

　- 2층에서 보는 보문호 뷰가 멋있다.

· **메뉴**

　- 버섯오리 주물럭(2인) 60,000원

　- 황토오리 진흙 구이 68,000원

　- 흑미 영양 오리백숙 60,000원

　- 단호박 오리 훈제 60,000원

　- 육전 고 메밀면 8,000원

　- 돼지고기너비튀김 10,000원.

## 페이지나인

· **주소**: 경상북도 경주시 보문로 132-24

· **찾아가는 길**: 경주 콜로세움, 자동차박물관 바로 인근에 위치

· **영업시간**: 11:00~20:00

· **특징**

　- 호반 뷰 반, 맛 반. 보문호수를 한눈에
　　담을 수 있는 카페다.

· **메뉴**

　- 아메리카노 6,000원

　- 에스프레소 6,000원

　- 카푸치노 7,000원

　- 카페모카 7,000원

　- 고르곤졸라 피자 25,000원

　- 마르게리타 피자 24,000원

　- 콤비네이션 피자 25,000원

　- 불고기 포테이토 피자 26,000원

　- 카프레제 샐러드 16,000원

　- 등심 돈가스 16,500원

## 아리랑(닭샤브)

· **주소**: 경상북도 경주시 숲머리길 197

· **찾아가는 길**: 경주 보문단지 입구 쪽 숲 머리 먹거리촌에 위치

· **특징**

　- 퍽퍽한 가슴살은 샤부샤부로 먹고, 백숙과 녹두죽 코스로 마무리하면

좋다.

- 튀김이나 백숙만 생각하면 완전 오산
  이다. 담백하고 깔끔한 맛이 일품이다.
- 어른과 어린이 모두가 좋아하는 닭 코
  스요리다.

· **메뉴**

- 2인(소) 47,000원

- 3인(중) 56,000원

- 4인(대) 63,000원

# 쑥부쟁이

· **주소**: 경상북도 경주시 보불로 147-5

· **찾아가는 길**: 보문에서 불국사 가는 길

· **영업시간**: 11:00~23:30

· **특징**

- 하동 외곽에서 영업 중인 채식 한식당
  이다.

- 한옥을 고쳐서 영업 중인 실내에는 전
  통 소품으로 아기자기하게 꾸민 공간
  이 이채롭다.

- 연잎밥 정식 9가지 요리와 연잎밥을 먹을 수 있다.

- 쑥부쟁이의 대표코스로 버섯탕수, 비트 유자청 드레싱을 포함한 11가지 코스요리가 있다.
- 신선한 재료를 사용하여 만든 구절판과 콩고기 궁중 떡볶이를 맛볼 수 있는 인기 메뉴가 있다.
- 콩 스테이크 & 블루베리 와인을 포함한 쑥부쟁이 고급 코스 메뉴가 있다.

· **메뉴**
  - 연잎밥 정식 18,000원
  - 쑥부쟁이 정식 21,000원
  - 선덕 반상 27,000원
  - 원효 반상 35,000원

# 낙지마실

· **주소**: 경상북도 경주시 북군길 9
· **찾아가는 길**: 경주 보문단지로 들어가는 길에 다리를 건넌 후 첫 번째 신호 좌측으로 들어가면 식당촌 입구에 위치

· **특징**
  - 경주 보문단지의 20년 전통 낙곱새 전문점이다.

- 베스트 추천은 낙곱새(낙지, 한우곱창, 새우)다. 낙곱, 불낙, 낙새, 낙지 볶음, 낙지 해물전을 맛볼 수 있다.
- 주말에 웨이팅이 있다.

· **메뉴**

- 낙곱새 11,000원

- 낙지 해물전 12,000원

- 낙곱 11,000원

- 낙지볶음 10,000원

- 낙새 10,000원


# 다유

· **주소**: 경상북도 경주시 천북면 목실길 84-5

· **영업시간**: 10:00~22:00

· **주차**: 주차장 보유

· **찾아가는 길**: 한화 콘도 옆길 천북 펜션 마을 쪽 내리막길로 가면 왼편에 위치

· **특징**

- 주위 환경이 시원하다.

- 전통차를 전공하신 분이 운영하는 아 주 특별한 채식 위주의 정갈한 식당이다.

- 이 집만의 특별한 소스로 야채 샐러드를 맛볼 수 있다.

- 식사량이 많은 분은 약간 허전할 수도 있다.

· **메뉴**

- 채과 밥 15,000원

- 콩고기 밥 11,000원

- 쌍화탕, 대추탕 각 7,000원

- 약밥 7,000원

# 경주 민물매운탕

· **주소**: 경상북도 경주시 북군2길 12-9

· **찾아가는 길**: 보문단지 가기 전, 북군동 팬션

가는 길(약 80m)에서 좌회전

· **영업시간**: 09:00~22:00

· **주차**: 주차장 보유

· **특징**

- 경주에는 몇 곳의 민물매운탕집이 있
다. 그중 보문 가까운 곳은 이 집이 오
랜 전통과 최상의 민물매운탕집이다.

· **메뉴**

- 민물 참게탕 13,000원

- 잡어 매운탕(버들치탕) 13,000원

- 잡어 조림(도리 뱅뱅) 15,000원

## 산해

· **주소**: 경상북도 경주시 숲머리길 130-5

· **영업시간**: 11:00~20:30 / 설날, 추석 당일과

전날은 휴무

· **특징**

- 석쇠 구이집이다.

- 밑반찬도 많고 간장게장도 맛있다.

· **메뉴**

- 석쇠 구이 10,000원

- 간장게장 20,000원

- 김치찜 10,000원

- 청국장 8,000원

## 토함혜

· **주소**: 경상북도 경주시 상강선길 3-3

· **영업시간**: 10:30~20:00

· **특징**

- 깔끔한 한정식집이다. 전반적인 반찬

이 정갈하다.

- 가볍지 않은 든든함으로 걷는 일정이

많은 여행자가 자주 찾는 곳이기도

하다.

- 청국장과 보리밥, 갈비찜으로 주로 한식 저녁상 코스이다.

· **메뉴**

- 소불고기 전골+청국장 or 해물 순두부 36,000원

- 해물 순두부찌개 정식 10,000원

- 청국장 정식 10,000원

## 바실라 카페

· **주소**: 경상북도 경주시 하동못안길 88 바실라

· **찾아가는 길**: 버스는 불국사 가는 방향 10빈, 11번 탑승 후 민속 공예촌, 신라역사과학관 정류장에서 하차. 경주 추억의 달동네 맞은편에 위치

· **주차**: 주차장 보유

· **특징**

- 한옥과 양옥의 조화가 있는 곳이다. 저수지 뷰가 좋다.

- 한동안 해바라기꽃으로 명성을 얻었던 곳이다.

- 한옥 내부 특히, 2층은 방마다 나누어져 있다.

- 주인장이 해바라기꽃과 유채꽃을 심어서 꽃이 만발하면 가서 볼만한 곳이다. 꽃 계절이 아닐 때는 유채꽃밭이 검은색 비닐만 덮여있다.

· **메뉴**

　- 바실랑떼 8,000원

　- 바실라팥빙수 17,000원

　- 아메리카노 6,000원

　- 카페라떼 6,500원

　- 바닐라라떼 7,000원

## 아덴

· **주소**: 경상북도 경주시 보문로 424-34

· **찾아가는 길**: 보문 오리배 타는 선착장 옆에
　　　　　　위치

· **영업시간**: 10:00~21:30

· **특징**

　- 1, 2층 실내가 넓다.

　- 분위기가 자유로워 눈치 보지 않고
　　오래 쉴 수 있다.

　- 봄 벚꽃 계절은 물론 호반을 산책하기 좋고, 보문호 뷰가 끝내주는 곳
　　이다.

## 야드

· **주소**: 경상북도 경주시 천군2길 2

· **찾아가는 길**: 경주 보문단지 내 경주월드 옆
　　　　　　　대로변 서라벌초등학교 들어가
　　　　　　　는 입구에 위치

· **특징**

　- 딸기 케이크와 브런치가 유명한 집
　　이다.

· **메뉴**

　- 딸기 케이크 6,000원

　- 프렌치토스트 에그 13,000원

　- 오픈 호밀 바게트 14,000원

　- 에스프레소 4,000원

# 동해안

동해안에 가면 유적도 보고 회를 먹는 것은 필수코스다.

동해 바닷가 고운 모래 해변(나정 해수욕장)은 차박도 많이 하고 캠핑카로 힐링하기 좋은 곳이다.

횟집이 많아 어느 집에 갈까 망설여질 것이다. 비슷비슷하지만 몇 군데 소개해 본다.


### 감포 수협 활어직판장

· **주소**: 경상북도 경주시 감포읍 감포항구길
　　　 91

· **특징**

- 규모가 그리 커지지는 않지만 노량진
  수산시장 축소판으로 보면 된다.
- 1층은 활어를 판매하고 2층은 초상집
  이다. 포장해서 갈 수도 있고, 2층 초
  상집에서 먹을 수도 있다.
- 기호에 따라 활어를 선택하고 무게에 따라 값을 내면 된다.
- 가까운 곳에 나정 고운 모래 해수욕장이 있어서 차박, 캠핑이 자유롭
  고, 주차장이 넓다.

# 돌고래횟집

· **주소**: 경상북도 경주시 감포읍 동해안로

    1888-10

· **영업시간**: 11:00~20:30 / 브레이크타임

    15:00~16:30 / 정기휴무 (매주

    월요일)

· **특징**

  - 일반 횟집과는 분위기가 다른 집이다.

· **메뉴**

  - 명품 감포 물회(일반) 15,000원

  - 명품 감포 물회(스페셜) 20,000원

  - 해천 물회 2인분 50,000원

  - 회덮밥 15,000원

  - 전복물회 25,000원

# 얼빵이물회

· **주소**: 경상북도 경주시 감포읍 동해안로

    1754

· **특징**

  - 가자미 물회가 맛있다.

  - 숙성시킨 회라 부드럽고 양념도 적당

  하다.

# 나정에가면

· **주소**: 경상북도 경주시 감포읍 동해안로

    1862

· **찾아가는 길**: 감포읍 나정리 371-2번지 나정

       고운 모래 해변 옆, 골프존카운

       티 감포 바로 앞에 위치

· **영업시간**: 09:00~21:00 / 정기휴무 (매주

       월요일)

· **특징**

  - 바다를 보는 넓은 창가 해솔이 만들어 내는 스토리가 정겨운 곳이다.

  - 주인장이 직접 개발한 레시피로 만드는 홍게라면, 푸짐한 수제 어묵

    라면, 계란탁 라면이 일품이다. 젊은 사람들이 좋아할 메뉴다.

· **메뉴**

  - 홍게라면 11,000원

  - 차돌박이라면 9,000원

  - 어묵 라면 7,000원

  - 우삼겹 라면 8,000원

# 만선 회센터

· **주소**: 경상북도 경주시 문무대왕면 덕실길
　　　12-14

· **특징**

　- 환경이 깨끗하고 넓다. 다양한 식사
　　공간과 넓은 주차장이 있다.

　- 단체 모임 100명 이상 가능하다.

· **메뉴**

　- 반선회 모둠회 소 50,000원,
　　중 80,000원, 대 100,000원,
　　특대 130,000원

　- 점심 회정식 20,000원, 점심 생우럭탕 2인 40,000원

# 대구회식당

· **주소**: 경상북도 경주시 양북면 봉길해안길
　　　21

· **영업시간**: 08:30~20:00

· **특징**

　- 바로 앞에 바다와 문무대왕릉을 바라
　　보면서 식사를 즐길 수 있는 곳이다.

· **메뉴**

- 물회 15,000원

- 모듬회 60,000원

- 회덮밥 12,000원

- 생선구이 정식 12,000원


## 감포이견대횟집

· **주소**: 경상북도 경주시 감포읍 동해안로
　　　1493

· **찾아가는 길**: 봉길 대왕암해수욕장에서 차로
　　　5분, 나정해수욕장에서 차로 10
　　　분, 감포항에서 차로 15분, 오류
　　　고아라해수욕장에서 차로 약 20
　　　분 소요

· **특징**

- 이견대 원조 해초횟집에서 먹는 복어탕이 일품이다.

- 문무대왕릉이 한눈에 보이는 뷰 맛집이다.

· **메뉴**

- 잡어(변동)

- 이견대코스 45,000원

- A코스 30,000원

- 물회 15,000원